Franz Weber

Zeit zur Umkehr

Zeitgemäße Forderungen und spirituelle Ansätze zur Überwindung von Materialismus und Egoismus

Herausgeber: Perceval-Institut für Kosmologie und christliche Hermetik

Herstellung und Verlag:
BoD – Books on Demand, Norderstedt

ISBN 9783734761973

*Gewidmet dem Genius,
meinem Engel*

Zeit zur Umkehr

Inhaltsverzeichnis:

Einführung

Von manchen Menschen in leitenden wirtschaftlichen Funktionen und von skrupellosen Finanzmaklern hört man des öfteren, dass die Gier etwas Positives sei, da sie den Menschen anspornt, etwas erreichen und schaffen zu wollen. Ja, dass gerade unser enormer Wohlstand nicht möglich sei ohne Gier nach Reichtum, nach Erfolg und dem Egoismus, für sich und die seinen am meisten herauszuschlagen zu wollen.

Vordergründig mag dies ein starker Antrieb sein, doch wenn man etwas tiefer die langfristigen Auswirkungen solcher Einstellungen betrachtet, kann inzwischen recht leicht gefunden werden, dass dieses einseitige Habenwollen zu existenziellen Grenzen für unsere gesamtgesellschaftliche und menschliche Zivilisation führen muss. Denn man bedenkt dabei nicht wirklich die materielle Begrenztheit der Erde beziehungsweise das Polaritätsgesetz, wenn nämlich auf der einen Seite ein Zuviel gegeben ist, dass es anderswo einen Mangel, einen Ausgleich geben muss.

Zudem ist das mit der Gier keine so einfache Sache, denn sie hat selbst keine Grenzen, sie will immer mehr. Öffnet man sich ihr, wird man irgendwann von ihr gefangen und versklavt sein, da man nur noch hinterherlaufen muss, um ihr Habenwollen sättigen zu können. Sicherlich, es gibt Bereiche, wo man sich „überfressen" kann, wo man genug bekommt von irdischen Genüssen, weil sie im Übermaß krank machen können. Doch beim Geld ist das nicht so; da können die Bankkonten ins Uferlose steigen und man hat immer noch nicht genug. In diesem Teufelskreis sind ja viele Milliardäre gefangen. Da hilft dann nur noch das Geben, das Verschenken, sonst ist seelische Verhärtung und Krankheit vorprogrammiert.

Ein einseitiger Materialismus muss zwangsweise zu Ungerechtigkeiten, zu sozialen Schieflagen, zu seelischer Schwäche und zu krankhafter Ausbeutung hinführen, so wie dies vor allem in vielen ungesunden gesellschaftlichen Auswüchsen und Verderbtheiten in den „reichen" Ländern der Erde wahrzunehmen ist. Die Ichheit, die Freiheit des Individuums, so wichtig sie für den Einzelnen ist, hat immer auch ein „zweiseitiges" Gesicht. Der Egoismus und die daraus hervorgehende Selbstsucht zeigt ein hässliches Gesicht, denn das Gemeinschaftliche, das Soziale wird darunter leiden müssen. Andererseits wird aber niemand auf das Recht nach Selbstbestimmung und Selbstgestaltung aus der Kraft eines freien Ichs verzichten wollen.

Das Ich ist also wie ein zweiseitiges Schwert, mit dem wir selbst entscheiden können und müssen, wohin wir uns wenden wollen: in den Egoismus, in die Ich-Verhaftung oder in die Reifung und Entwicklung des Ichs, hin zu mehr Gemeinschaftssinn, hin zum seelisch-geistigen Wachsen, auch über sich selbst hinaus, dahin, wo dieses Ich seine Heimat, seinen Ursprung finden kann.

Entweder wir wollen alles für uns selbst haben, es selbst genießen und vereinnahmen oder wir bewegen uns dahin, mehr Gebende, Schenkende zu werden, auf welchem Gebiet auch immer. Schenken kann man nur, was man hat. Wer viel schenken will, wird auch viel bekommen, damit er schenken kann, sei es materiell, seelisch oder auf geistigem Gebiet.

Jedoch, die Kräfte des Materialismus und des Egoismus sind heute sehr stark. Darunter leiden vor allem die Naturreiche, die Schwachen und die Erde selbst als unser mütterlicher Heimatplanet.

In der germanischen Mythologie wird die Kraft des Verschlingens und Raubens im Bilde des Fenriswolf beschrieben. Er tötet und besiegt die „alten" Götterkräfte und -wesen, die die Menschen in früherer Zeit noch lenken, schützen und führen konnten. Heute sind wir dieser okkulten Macht, diesem Fenriswolf weltweit ausgeliefert. Über Finanzen, Großkonzerne, Medienberieselung und „politischer" Umerziehung beziehungsweise dem Verbreiten von Lügen sollen die Menschen gleichgeschaltet, „automatisiert" werden, nur noch dem System aus Wirtschaftswachstum, Profit und Konsum nützlich sein.

Nur Widar, der schweigsame Ase, konnte, wie in der Edda beschrieben, den Fenriswolf besiegen, in dem er seinen Stiefel in das weit aufgerissene Maul des Fenriswolf trat. Die Stiefel waren gemacht aus Resten von Stoffen und Leder, die beim Schuheherstellen übrigbleiben und die normalerweise achtlos weggeschmissen werden, weil sie, wirtschaftlich gesehen, zu nichts mehr nütze sind.

Nun, dieses Bild kann eine Wegweisung zur Umkehr beinhalten und auch, wie wir mit dem Fenriswolf, mit der alles verschlingen wollenden, widersacherischen Macht umgehen sollen. Unsere Wegwerfgesellschaft hat keine wirkliche Zukunft, Nachhaltigkeit ist angesagt. Aus allem kann man noch etwas machen, alles kann noch gebraucht werden. Nichts und niemand ist nutzlos, auch wenn einige Menschen nicht dem Bruttosozialprodukt dienen können, aus welchen Gründen auch immer.

Stiefel stehen für die Willenskräfte zum Wirken in der Welt. Reste, aus denen die Stiefel gemacht sind, deuten hin auf die Willenskräfte der Menschen, die diese nicht im Irdischen unterbringen konnten oder können, sei es, weil die Welt sie nicht aufnahm, sei es, weil ein früher Tod dies unmöglich machte.

Wichtig ist, dass etwas gewollt wurde, aber noch nicht umgesetzt werden konnte. Diese Kräfte sammelt Widar ein, mit ihnen hat er soviel Kraft, den menschenverachtenden Kräften des Welten-Wolfes etwas Zukünftiges, Stärkeres entgegensetzen zu können.

Zur Ganzheit eines irdischen Seins gehört das Wirken im materiellen Dasein, in der sozialen Gemeinschaft und für eine spirituell-geistige Ausrichtung, mit der wir das Irdische gestalten wollen. Jeder hat hierbei seine eigene Aufgabe innerhalb dieser Bereiche. Wenn etwas Geistiges stark gewollt wird, es aber verhindert wird, wie zum Beispiel viele spirituelle Impulse in der Geistesgeschichte bei den Templern, Katharern und sonstigen Märtyrern und Verfolgten, so war das nicht umsonst. Diese spirituellen Kräfte, diese „Reste" werden aufbewahrt und zu gegebener Zeit fruchtbringend eingesetzt.

Widar, der schweigsame Ase, weist vor allem hin auf das ruhige Lauschen nach Innen. Was kommt uns von da entgegen? Nicht nur im Äußeren sollen wir aufgehen. In unserem eigenen Inneren ist so viel Potential, ist so viel Kraft und Erfüllung – wir müssen nicht nur im Außen nach Ablenkung und Genuss suchen und wühlen. Nach Innen geht der Weg, in uns selbst, in unserer Seele und in unserem Geist, in unserem spirituell-religiösen Streben werden wir Regionen und Sphären gewahr, die uns Fülle, Reichtum und Kraft verheißen, wenn wir bereit werden, duldsam, bescheiden und ehrfurchtsvoll diesen manchmal auch „steinigen", schmalen Weg durch Nacht und Einsamkeit beschreiten zu wollen.

Von Innen heraus, aus den Kräften des Geistes, aus einem neuen, selbstgewählten Verbunde mit den Götterkräften können wir sodann die irdische Welt nach himmlischem „Maß" gestalten lernen. Das ist der Menschheit tiefstes Ziel: eine neue Erde, ein neues „Jerusalem", eine Stätte nach Himmelsmaß mit am Irdischen gewonnenen Tugenden und menschlichen Fähigkeiten aufgebaut, in der sich Himmel und Erde, Mensch und Götterwelt vereinen können.

Weit ist der Weg dorthin, doch ohne Ziel können wir den Weg nicht finden. Auf diesem Weg sind mannigfaltige Gefahren und Hindernisse, aber auch viele Hilfen gegeben. In den nachfolgenden Kapiteln sollen einige dieser Hilfen angesprochen werden, damit sie uns auf dem weiten Weg, hin zur Ganzheit, hin zum vollen Menschentum, Orientierung und Sicherheit schenken können.

Vom Wesen der Zeit

Wenn man die Zeit in einem physikalischen Sinne betrachtet, wird sie gemessen in einem Weg, den ein Gegenstand, ein Mensch oder ein Tier mit einer bestimmten Geschwindigkeit zurücklegt. Je schneller man geht, desto kürzer die Zeit bei gleicher Entfernung. Das ist ja hinlänglich bekannt. Also entsteht die Zeit durch eine Bewegung im Raum.

Im fernen Weltenraum ist von uns aus gesehen praktisch Zeitlosigkeit beziehungsweise Ewigkeit, weil die Sterne so weit weg sind, dass ihre Bewegungen für uns nicht mehr sichtbar und nachvollziehbar sind.

So gibt es lange Zeiträume beziehungsweise die Dauer und sehr kurze Zeitintervalle bis hin zum Augenblick.

Weitere Komponenten ergeben sich zudem durch die Einteilung der Zeit in Vergangenheit, Gegenwart und Zukunft.

Die Vergangenheit überblicken wir Kraft unserer Erinnerung oder über geschichtliche Funde und Darstellungen. Die Zukunft ist ungewiss, obwohl es schon immer Prophezeiungen und Vorhersagen gab, ob diese nun richtig lagen oder auch nicht.

Die Gegenwart, ja, sie ist uns am nächsten, da wir nur in ihr die volle Kraft der Gestaltungsmöglichkeit innehaben. Doch wir können sie nicht festhalten, nur immer mit ihr mitgehen, mit ihr im Fluss sein. Jedoch, oftmals sind wir mit unseren Wünschen und Sorgen schon auf die Zukunft hin ausgerichtet oder wir schwelgen in vergangenen Erinnerungen beziehungsweise vergangene Erlebnisse belasten unsere Gegenwart, so dass wir diese nicht klar und bewusst erleben und gestalten können.

Gerade der „zivilisierte", westliche Mensch unterliegt den Vorgaben der Zeit so sehr, dass er immer stärker in eine Hetze kommt, da ein Termin, da eine Verpflichtung – er jagt der Zeit leider immer öfter hinterher.

Die Einteilung der Zeit, im alten Griechenland unterlag sie dem Gott Chronos, der sie überschaut, also auch ein Gedächtnis von ihr hat, bis hin zum Welten-Gedächtnis, wo alle Erlebnisse und Taten gespeichert sind. Kosmologisch untersteht diese chronologisch erfasste Zeit dem Planeten Saturn.

Aber nicht nur die rein physikalische Zeitmessung gehört zum Wesen der Zeit hinzu, also die Taktung der Zeit in Jahre, Monate, Tage, Stunden und Minuten, in den Morgen, Mittag, Abend und die Nacht, in Sommer, Herbst, Winter und Frühling, sondern auch das seelische Erleben und Empfinden, das wir gegenüber der Zeit haben können. Eine ereignisreiche Stunde wird unter schönen Umständen wie im Fluge vorübergehen, dagegen können bange Momente einem endlos lange erscheinen.

So kann einem manchmal vor der Zukunft bange sein, die Vergangenheit kann belasten und man hat das Gefühl, Fehler gemacht oder Schuld auf sich geladen zu haben. Andererseits können wir auch dankbar für Vergangenes sein, es als „Sprungbrett" für zukünftige Schaffensmöglichkeiten betrachten und der Zukunft vertrauensvoll entgegen gehen. Da haben wir doch eine Freiheitsmöglichkeit gegeben. Und so brauchen wir uns auch nicht als „Sklaven" der Zeit betrachten, denn man macht auch die Erfahrung, dass Zeit alte Wunden heilen kann. In ihr liegt also auch eine positive Kraft.

In der Antike kannte man aber nicht nur die messbare Zeit, den Chronos, sondern auch den Kairos, den gelebten Augenblick, der immer im Fluss ist mit der Zeit. Diese Qualität der Zeit erleben wir nur, wenn wir selber im Fluss sind mit ihr, das heißt, wenn wir im Augenblick, in der Gegenwart wach und bewusst leben können. Naturvölker haben diese Qualität noch vermehrt in ihrem Alltagsleben integriert. Durch ein Leben im Einklang mit den Tages- und Jahreszeiten und den Naturgegebenheiten entsteht ein rhythmischer Puls, der durch das Leben trägt. Der Einzelne fließt noch viel stärker im Strom der Zeit. Klappt etwas nicht sofort, so bestimmt irgendwann, wenn die rechte Zeit dafür da ist.

Denn die Zeit hat verschiedene Qualitäten, sie ist kein „Einerlei", kein Neutrum, das man nach persönlicher Willkür so strukturieren kann, damit sie nur noch für eigenwillige Wünsche herhalten soll. Will man die Zeit nur noch strukturieren, wird sie meist nur noch getaktet, wie eine Maschine, man vergewaltigt ihr inneres Sein. Alles wird automatenhaft, mit der Zeit auch die Menschen, die die Zeit so strukturieren wollen.

Alte Kulturen hatten noch ein Gespür für die Zeit. An Vollmond herrschen andere Energien wie an Neumond oder zu bestimmten Festeszeiten, wie den Sonnenwenden oder an religiösen Feiertagen, wo dann bestimmte Götter oder Ahnen geehrt wurden.

Der Maya-Kalender zum Beispiel, unterteilte bekanntermaßen die Zeit, auch weit in die Zukunft hinein, in bestimmte Kräfte-Qualitäten, so auch die Astrologie, die durch den Tierkreis und den Wandlungen der Planeten in diesem bestimmte qualitative Erkenntnisse der Zeitintervalle mitteilen kann. Also, nicht nur die quantitative, messbare Zeit ist wichtig, sondern vor allem auch die Qualität einer bestimmten Zeit.

Wahre Kunst ist es ja, im rechten Augenblick das Richtige zu tun, zum Beispiel ein gutes Wort zu sagen und dabei natürlich auch am richtigen Ort zu sein. Manche Unternehmungen scheitern auch, weil wir zur falschen Zeit am falschen Ort sind. Zu früh, zu spät, das heißt, wir sind nicht richtig im Fluss der Zeit, wir spüren nicht mehr richtig ihre Qualität.

Eine Lebenskunst entwickeln zu können, bedarf jedoch einer bewussten Erfahrung, einer neuen Aneignung der Qualität der Zeit. Die instinktive Wahrnehmung der Zeit, wie sie noch einfach lebende Menschen haben, ist uns zumeist verloren gegangen. Wir müssen uns daher um einen erneuten Zugang für die Qualitäten der Zeit bemühen. Erkenntniskräfte sind verlangt – Selbstbeobachtung.

Die Chronobiologie und die Schlafforschung bringen hierbei erstaunliche Erkenntnisse zutage. Bin ich ein solarer Typus, ein Morgenmensch oder ein lunarer Typus, der erst am Abend zu voller Schaffenskraft erblühen kann? Wie beeinflusst mich Wind, Wetter, Herbst, Sommer oder Winter? Wie präsent bin ich noch im Laufe des Tages für die „kleinen" Dinge, für Stimmungen, für das Wettergeschehen, für Lichtverhältnisse, Geräusche et cetera oder lebe ich nur in den Terminen und Anforderungen, die das Leben uns stellt?

Es geht hier aber nicht um das Ausspielen des Einen gegen das Andere. Chronos fordert seine Aufmerksamkeit, den sollten wir auch nicht verdrängen, nur um ja immer „lebendig" und präsent in der Gegenwart leben zu können, wie dies manche Esoteriker vertreten. Eine Struktur des Lebens mit festen Terminen und Plänen hat uns die technischen und wirtschaftlichen Errungenschaften gebracht, auf die wir meist nicht verzichten wollen. Doch zu welchem Preis?

Ein Ausweg beziehungsweise ein Ausgleich zum Formhaften, zum Strukturellen bietet im Persönlichen natürlich ein Rückzug zur Muse, zur Meditation und zur Kunst. Eine echte Kunst wäre es jedoch, wenn der Chronos mit dem Kairos, wenn Saturn mit Merkur, wenn die Quantität der Zeit mit der Qualität eine Verbindung eingehen könnte. Das heißt mit anderen Worten, wenn wir auch im äußeren Tun und Schaffen immer noch eine bewusste Wahrnehmung für die Präsenz des Augenblicks bewahren können, wenn wir also immer auch im Fluss der Zeit leben und erleben, was diese uns mitteilen, wo diese uns hinführen will. Denn in der Zeit leben nicht nur Qualitäten, Kräfte, Energien, Stimmungen, Umbrüche, sondern dahinter erscheinen Wesen, elementare und geistige Wesen, die diese Erscheinungen bewirken.

Nicht nur das Wetter- und Naturgeschehen wird von Natur- und Geistwesen bestimmt, auch geschichtliche Epochen bis hin zu politischen Ereignissen sind von einer sogenannten „Großwetterlage" bestimmt, hinter denen geistige Wesen impulsierend einwirken. Sich diesen Geistern zu nähern, bringt uns in Kontakt mit den fortschreitenden Impulsen der Menschheitsentwicklung. So ist gerade unsere Zeit besonders geeignet, bestimmte Bewusstseinsentwicklungen tätigen zu können. Eine Art Quantensprung in neue Sphären des Bewusstseins wird möglich, wenn wir die Zeichen der Zeit wahrnehmen und achten lernen.

Nicht allein die Mahnungen und Gefahren, die Abgründe und Hindernisse sollen uns erschrecken, wir dürfen auch immer die positiven Wachstumsmöglichkeiten erkennen, die uns heute durch vielerlei Medien und Organisationen zukommen, sei es auf politischem, religiösem, künstlerischem, sozialem, wissenschaftlichem oder technischem Gebiet. Überall, wie zum Beispiel in der Quantenphysik, in der Ökologie, in der Pädagogik, in der Heilkunde, in zivilgesellschaftlichen Hilfsorganisationen, in den Friedens- und Umweltverbänden und ähnlichem, sind uns vielfältige Anregungen und Hilfen gegeben, die wir im eigenen Leben erlernen, anwenden und unterstützen können, damit wir eben das Beste aus unserer Zeit herausholen können. Natürlich gibt es dazu aber auch die hemmenden, konservativen Kräfte, die immer nur weitermachen wollen, so wie sie es gewohnt sind, weil sie daraus viele persönliche Vorteile schöpfen konnten.

Ein Schimpfen auf eine schwierige und komplexe Zeitlage mit den Worten: „Früher war alles besser" bringt aber nichts. Jede Zeit hat ihre Hemmnisse und ihre Wachstumsmöglichkeiten – mal mehr, mal weniger. Nur müssen wir sie erkennen und annehmen.

Die Zeit „totschlagen" mit allerlei Ablenkungen und Verlockungen lässt uns seelisch gesehen stillstehen. Der Entwicklungsgedanke ist an die Zeit gebunden, die wir bewusst ergreifen sollen, um in Einklang mit ihr, den Willen, der ihr zugrunde liegt, erfassen und sich diesen immer stärker aneignen zu lernen. Leben wir bewusst im Willen der Zeit, das heißt, auch mit und im Wesen der Zeit, mit den Wesen der Zeit, wird sie beziehungsweise werden diese Wesen uns fördern und führen.

Sodann wird eine bewusst erlebte und mitgestaltete Zeit uns reife Früchte, eine reiche Ernte bescheren, die wir mitnehmen können bis in das Nachtodliche hinein. Das irdische Leben, es war nicht umsonst, kein Zufall, mit dem wir machen können, was wir wollen, ohne die Früchte dafür ernten zu müssen.

Wir leben im Raum und in der Zeit und wir sind verantwortlich dafür, also wie wir damit umgehen. Dazu mahnt Chronos, der

Herr der Zeit, der nichts vergisst. Kairos lässt uns in der Zeit die „Wunder" entdecken, die sie für uns bereit hält, wenn wir uns dafür öffnen können. Dies ist eine Kunst, eine echte Lebenskunst.

Vom Leben in Zeit und Raum

Manchmal hört man von Esoterikern die Sätze: Alles ist Energie, ist Schwingung und Alles ist mit Allem verbunden, ist eins oder ähnliche Ausdrucksweisen. Sicherlich gibt es eine Sphäre, wo dies zutrifft, doch in unserer irdischen Welt in Zeit und Raum herrschen unterschiedliche Seinsweisen und Gesetze, die zu berücksichtigen sind. Da kommt es auf ein differenzierendes Vorgehen an, um bestimmte Seinsbereiche ergründen und erkennen zu können.

Da wurde von so einem „Einheits-Esoteriker" zum Beispiel der Satz gesagt: Die Summe der Teile ist größer als das oder der Einzelne. Das stimmt natürlich in einer quantitativen irdisch-sinnlichen Betrachtung. Nicht aber mehr, wenn wir in qualitative seelisch-geistige Bereiche eintreten, denn da ist es maßgebend, was oder wer am weitesten fortgeschritten ist. Der Christus oder auch der Buddha, sie sind qualitativ betrachtet mehr beziehungsweise weiter als die Masse von vielen Menschen. Oder im Nazireich rief die Mehrheit „Heil Hitler", nur eine kleine Minderheit durchschaute das Ganze, zum Beispiel die Mitglieder der weißen Rose. Diese Minderheit war also weiter und geistig größer als die Mehrheit des Volkes. Daraus lässt sich erkennen, dass im Geistigen andere Gesetze walten als im Physischen. Oftmals stellen diese ein Paradoxon dar zu unseren irdischen Gewohnheiten und Einstellungen.

Unter diesem Gesichtspunkt werden dann auch bestimmte Ausdrucksweisen aus den Evangelien verständlich, wie zum Beispiel: „Die Ersten werden die Letzten sein" oder „Wer sich verliert, wird sich finden". Auf der physischen Ebene machen solche Aussagen ja keinen Sinn. Doch folgert daraus, dass irdisches Wissen, irdischer Status, Reichtum, Erfolg und irdisches Glück im Nachtodlichen und in der himmlischen-geistigen Welt wenig Bedeutung haben. Diese Welten können wir nur betreten, wenn wir das Irdische ablegen, „verlieren" können. Und so sind einfältige, manchmal auch naive, aber ehrliche Menschen, die im Irdischen gerne als „Narren" bezeichnet werden, dem Himmel um einiges näher, als die sogenannten „Gebildeten", die es nicht mehr für nötig halten, vor irgendetwas Ehrfurcht, Andacht und Hingabe zu zeigen, weil sie sich selbst auf einen Thron gesetzt haben, über dem es nichts mehr zu geben hat. Doch wie sagt es der Volksmund so schön: Die Gescheitheit der Menschen ist Torheit vor Gott. Wieder so ein Paradoxon, das sich lohnt, etwas näher zu betrachten.

Wie kann nun aber ein Leben in Zeit und Raum aussehen, das die Gesetze des Irdischen genauso anerkennt wie die des Geistigen, also des Übersinnlichen und auch die des Untersinnlichen? Denn man weiß ja auch, dass, wenn wir in die untersinnlichen Welten eintreten, in die Welt der Nanotechnologie, der Elektrizität, der Radioaktivität und des Magnetismus, andere Gesetzmäßigkeiten herrschen wie in der sinnlichen Welt.

Im Nano-Bereich, also im kleinst-elementarischen Bereich, bekommen zum Beispiel bestimmte Metalle ganz andere Eigenschaften als in der stofflichen Erscheinung. Und so auch, wenn wir den Stoff ins Übersinnliche transformieren, zum Beispiel in der Homöopathie oder in der Spagyrik. Da können dann im Irdischen giftige Stoffe heilend und gesundend wirken.

Also sollten wir zunächst differenzieren, ob wir es mit untersinnlichen, sinnlichen oder übersinnlichen Erscheinungen und Welten zu tun haben und aus diesen nicht Eines machen wollen. Sicher ist überall Energie, Schwingung, doch Energie ist nicht gleich Energie. Dies zu erkennen, erfordert unser Unterscheidungsvermögen. Die Radioaktivität ist als Beispiel nicht gleich der Lebensenergie, sonst könnte sie diese ja nicht beeinträchtigen. Wird keine Differenzierung vorgenommen, kann es leicht dazu führen, dass bestimmte materialistische Denkweisen in spirituelle Dimensionen hineingetragen werden. Dadurch entsteht ein materialistischer Spiritualismus, wie dies heute öfters zu beobachten ist, vor allem auch wenn damit versucht wird, Geld zu machen. Oder auch ein spiritueller Materialismus, wo zum Beispiel der Kosmos mit Elektronen und Lichtquanten, mit Energie- und Frequenzerhöhungen, mit elektromagnetischen Strahlen, die der Kosmos aussendet, um die Menschheit und die Erde zu verwandeln und ähnlichem mehr, erklärt werden soll.

Sicherlich ist es zu begrüßen, wenn Naturwissenschaftler sich dem Spirituellen zuwenden wollen. Da kann bestimmt noch viel Positives daraus erwachsen. Die geistige Welt verstehen wollen, bedingt aber eine seelisch-geistige und meditative Schulung, die den ganzen Menschen transformiert, so dass wir uns mit geistigen Wesen und Kräften verbinden können. Um die geistige Welt, den geistigen Kosmos ergründen zu können, müssen wir nicht unbedingt das weite All erklären wollen, denn wir können diese Bereiche auch in uns erforschen, denn da sind sie nämlich auch vorhanden.

Grundsätzlich durchzieht der Geist alle Welten. Zuerst erscheint im Sinnlichen der Stoff, darin ist Energie enthalten, diese trägt immer eine Information in sich, diese geht wiederum von einem Wesen aus. Erst wenn wir das Wesen einer Sache ergründen, wahrnehmen können, sind wir im Zentrum, im Ursprung angelangt. Man spricht viel von Information und von Energie, aber noch nicht wirklich vom Wesenhaften, vom Wesentlichen, vom Wesen selbst. Das beginnt dann auch beim eigenen Wesen. Will man den Menschen aus dem Körperlichen oder aus dem Energetischen heraus erklären, hat man das Wesen, das Wesentliche leider verfehlt.

Nur müssen wir auch da nicht die Welt von Neuem erfinden, da es in der Geistesgeschichte der Menschheit vielfältige Versuche

15

gab, das Geistige in der Welt und im Menschen zu erkennen. Ich nenne hier nur einige geistige Strömungen wie die Alchymisten, die Rosenkreuzer, den Bauhütten-Impuls, die Anthroposophen, einen Johannes Kepler, eine Ptolemäus, Pythagoras, Aristoteles und viele, viele andere, die Mosaiksteine lieferten, um ein materialistisches Weltbild erweitern zu können.

Im Folgenden möchte ich einige grundlegende Einsichten daraus anführen, um den Menschen und die Welt ganzheitlich darstellen zu können. Zunächst betrachten wir dazu die Materie, das Körperliche, den Stoff. Dieser Bereich ist durch die Naturwissenschaft sehr gut erforscht. Darauf beruht ja weitgehend unser technischer Fortschritt und unser Wohlstand. Auf diesem Gebiet zählen die Attribute des Maßes, des Gewichts und der Zahl, also die reinen Quantitäten, aber auch manche Qualitäten, was Eigenschaften wie zum Beispiel der Leitfähigkeit, der Dichte, der Reinheit, der Brennbarkeit und der Nutzbarkeit entspricht.

Die Materie zeigt sich grundsätzlich durch die Komponenten des Festen, des Schweren, des Trägen und des sich Ausdehnenden. Darin können wir die Elemente Erde, Wasser, Luft und Feuer erkennen, die in alchimistischer Sichtweise unser ganzes irdisches Dasein ausmachen. Denn wir müssen auch beim Materiellen nicht nur im Bereich des Quantitativen stehen bleiben und nur zählen, messen und wiegen, sondern wir können auch hier, frei nach Goethe, nach sinnlich-sittlichen Wirkungen suchen. Also, wie wirkt ein Stoff auf den Menschen beziehungsweise auf die Umwelt ein? Gold hat zum Beispiel eine andere Wirkung als Blei, Wasser eine andere als Feuer.

Eine zukünftige Wissenschaft sollte solch „subjektive" Wirkungen nicht ausschließen, denn wenn wir diese mit einbeziehen, wird es leichter fallen, eine humane und menschengemäße Wissenschaft zu schaffen, die eben den Menschen nicht ausschließt um der vermeintlichen Objektivität willen, um also nur noch „sachorientiert" forschen zu können. Eine Sache hat nämlich immer auch seinen Wert, also brauchen wir auch eine wertorientierte Wissenschaft.

Dies zeigt sich dann vor allem, wenn wir mit unseren Forschungen in den Bereich des Lebendigen eindringen. Dieses Lebendige, also das Leben selbst, ist den Naturwissenschaften heute noch nicht wirklich verständlich und zugehbar. Nur manipulieren und lenken kann man es, nicht aber erschaffen. Und wenn große Teile der Wissenschaft das Leben aus dem Toten, aus dem Stoff erklären wollen, setzen sie den Primat der Schöpfung auf die Materie, den Stoff, letztlich auf das Tote. Wen wundert es dann noch, wenn das Leben, die Pflanzen- und die Tierwelt immer weiter zurückgedrängt und ausgebeutet wird.

Das Denken in stofflichen Gesetzmäßigkeiten bleibt mechanisch, abstrakt und tot. Das Denken in Lebenszusammenhängen und deren Gesetzmäßigkeiten, im Wachsen, Gedeihen, Welken, Keimen, Blühen und Fruchten, wird selbst lebendig, kommt dem Bereich des Lebens näher. Schon allein die phänomenologische Betrachtung kann uns zeigen, dass überall Totes (Holz, Muschelschalen, Haare, Erdöl, Gas et cetera) aus dem Lebendigen herausgewachsen beziehungsweise herausgefallen ist, wie auch beim Sterben, wenn das Leben entweicht, der tote Körper zurückbleibt.

Nun zeigt sich das Leben in einem Leib auf vierfache Weise – als Wachstum, als Stoffwechsel, als Fortpflanzung und als Reaktion. Dies hat die Materie, der tote Stoff nicht. Das Lebendige ist also ein eigenes Feld, ein eigener Bereich, der anderen Gesetzmäßigkeiten unterliegt. Die Materie unterliegt der Schwere, der Schwerkraft, das Leben der Leichte, so wie dies in Pflanzen sichtbar wird, die der Schwere entgegenwachsen, der Sonne zu. Und wir wissen ja alle, dass von der Sonne viel Leben kommt, sie schenkt Licht, Wärme, Lebenskraft und Geisteskraft. Ohne Sonne kein Leben.

Doch nicht nur die physikalischen Licht- und Wärmestrahlen sind es, die von der Sonne ausgehen, das Prana, das Chi, die Äther- oder Lebenskraft, das Orgon oder die Biophotonen, so wie diese Lebensenergie auch genannt wird, erfüllt das weite All. Und schließlich geht auch eine „sittliche", eine geistige

Wirkung von der Sonne aus, wo zum Beispiel in alten Kulturen die Sonne als Liebes-, Weisheits- und Kraftquell erkannt und verehrt wurde, in der letztlich geistige Wesenheiten ihr Wirken entfalten.

Diese Lebenssphäre, sie hat der Mensch mit der Pflanzen- und Tierwelt gemeinsam, aber auch mit unserem Heimatplaneten, der Erde. Der Lebens- oder Ätherleib durchdringt die physischen Körper der Pflanzen, Tiere und Menschen, wie das Wasser einen Schwamm durchdringt und erhält ihn somit am Leben.

Dieser Lebensleib ist vierfach, also von vier verschiedenen Kräften durchzogen. Der Wärmeäther, der Lichtäther, der chemische oder Klangäther und der Lebensäther, so wie diese in anthroposophischer Terminologie genannt werden. Sie entsprechen im Feinstofflichen den Elementen der Erde (Feuer, Luft, Wasser, Erde). Doch verhalten sie sich anders als diese, das heißt, im Ätherischen wirken auch andere Gesetzmäßigkeiten als im Physischen.

Der Ätherleib lässt und gesund sein, er würde überhaupt nicht altern, wenn nicht physischer Zerfall ihm unmöglich macht, den physischen Leib zu erhalten. Ein Baum würde zum Beispiel nicht sterben, wenn nicht von Außen, von Witterung und Umwelt, auf ihn eingewirkt wird.

So wie der physische Leib den Gesetzen des Raumes unterliegt, so der Ätherleib den Gesetzen der Zeit. Als Kleinkind haben wir noch eine Überfülle an Lebenskräften in uns, als alter Mensch sind diese mehr und mehr verbraucht, da nehmen die Abbaukräfte überhand. In der chinesischen Medizin wird zum Beispiel gesagt, das der Mensch eine bestimmte Menge Lebensenergie im Nierensystem gespeichert hat. Natürlich kann diese durch eine bestimmte Lebensweise gestärkt oder geschwächt werden, da ein Lebewesen auch immer mit seiner Umwelt im Austausch ist. Da gibt es eben Leben fördernde und hemmende Kräfte. Durch Joga, Eurhythmie, Kunst, durch lebendige Nahrung und einer naturverbundenen, rhythmischen Lebensweise kann das Chi vermehrt beziehungsweise den schädigenden Tendenzen, wie sie durch das moderne Leben sehr häufig entstehen, entgegengewirkt werden.

Natürlich wäre noch viel zu sagen, um den Bereich des Lebendigen näher zu beschreiben, was jedoch den Rahmen hier sprengen würde. Nur ein Aspekt sei hier noch erwähnt, nämlich der, dass alles Feinstoffliche und Übersinnliche sich seinen Ausdruck, seine Entsprechung im Leiblichen erzeugt. Und dies sind für den Lebensleib das wässrige System, die Säftezirkulation der Pflanzen, das Lymphsystem und die Drüsen beim Tier und im Menschen.

Beim Menschen und beim Tier ist dieser Lebensleib das Bindeglied zwischen dem sogenannten Astral-, Seelen- oder Empfindungsleib und eben dem physischen Leib. Die Pflanze besteht dagegen nur aus physischem und ätherischem Leib.

Die Drüsen haben ihre Wirkung auf den gesamten Organismus; sie werden aber auch vom Seelischen, also vom Nerven-Sinnes-System beeinflusst.

Dieses Seelische wird bei Tier und Mensch durch den oben genannten Astral-, Seelen oder Empfindungsleib bewirkt. So wie der Ätherleib, der Bildekräfteleib, über Energieleitbahnen, den sogenannten Meridianen in das leibliche Geschehen gesundend und aufbauend einwirken kann, so der Astralleib über die sogenannten Chakren auf das Nervensystem.

Der Astralleib, also der Sternenleib, ist siebenfach gegliedert, entsprechend den sieben Chakren, die wiederum in den sieben Planeten unseres Sonnensystems ihre Entsprechung haben.

Von der untersten Region, dem Bereich der Begierdenglut, geht es über Zerstreuungen, der Wunschnatur, der Lust und Leidenschaft zu immer höheren Bestrebungen – zum Streben nach Wahrheit, Schönheit und Güte. Diese höheren seelischen Ebenen können erreicht werden, wenn sich das menschliche Ich, als geistige Entität, als Kern des Menschen, sich für einen Transformationsprozeß entscheidet, also eine Veredelung des Seelischen anstreben will. Darin zeigt sich aber auch ein seelisch-geistiger Entwicklungsweg, den die Menschheit als Ganzes sich über viele Inkarnationen in den verschiedenen Kulturepochen der Geistesgeschichte aneignen kann.

Durch die Arbeit des Ich's am Seelenleib können neue und höhere Seelenebenen errungen werden, die den Menschen erst vom Tierreich unterscheidet, in dem er nämlich sein eigenes „Tierisches" wandelt und erhöht. Dadurch erst werden innerseelische Räume geschaffen, in die sich das höhere, göttliche Menschenwesen, sein höheres Selbst, sein göttliches Wesen einleben kann.

Ich habe in meiner Schrift: Ich und Welt – Mensch und Gott aufgezeigt, wie durch eine Ich-Entwicklung und Reifung der niedere Mensch, die „Hüllen" so heranreifen können, dass im Menschen-Ich das Gottes-Ich offenbar werden kann. Dies soll hier daher nicht mehr weiter ausgeführt sein. Ich möchte hier nur noch eine Aufstellung anführen, die aufzeigt, wie sich die Seelenkräfte des Denkens, Fühlens und Wollens in den sieben Ebenen des Astralleibes zeigen, damit man sehen kann, wie darin ein spirituelles Wachstum möglich wird.

Das Denken in der Seele hat dabei schon eine Tendenz zum Geistigen hin, das Fühlen ist das Eigentliche des Seelischen und das Wollen tendiert zum Körperlichen hin, wobei man sagen muss, dass im Leib des Menschen höchste Weisheit, höchste Geisteskraft waltet. Mit der leiblichen Entwicklung in der Evolution ist ja am frühesten begonnen worden. Sie fand quasi ihren Abschluss, ihre Fertigstellung in der griechischen antiken Welt, in der sogenannten Widderzeit. Hier wurden die Haupteskräfte, das Denken, zum Beispiel in der griechischen Philosophie, als letzte Seelenbetätigung eingefügt. Die Vollkommenheit der menschlichen Gestalt zeigt sich gerade sehr schön in der griechischen Plastik. Der Mensch war, entwicklungsgeschichtlich betrachtet, ganz im Irdischen, in seiner Seele und in seinem Körper angekommen.

Die Involution, die Enthüllung der kosmischen Seele im Menschen, in einem Menschenleib war zu einem gewissen Abschluss gekommen. Von da an muss der Mensch selbsttätig an sich arbeiten, seine „Werkzeuge" sind da. Der Kosmos hat sich in den Menschen, in Raum und Zeit eingebracht, inkarniert.

Und mit dem Christuswesen kam der göttliche Geist selbst in ein Menschenwesen, in den Jesus von Nazareth hinein. Von da ab kann ein erneuter Aufstieg, eine seelisch-geistige Evolution beginnen.

Zuerst soll von diesem Göttlich-Geistigen aus das Ich transformiert, vergöttlicht werden und dann die Seele, bis im weiteren der Lebensleib mit seinen Neigungen und Gewohnheiten gereinigt und umgewandelt werden kann. Und schließlich der physische Leib, in dem vieles heute noch in natürlicher Weise abläuft, soll einmal vom Menschen selbst gesteuert und gehandhabt werden können, also auch organische und physiologische Tätigkeiten. Doch das ist noch eine ferne Zukunftsaufgabe. Heute geht es vor allem darum, sich in seinem Ich, sich in seiner Biographie, sich in seinem Schicksal zu erfassen und anzunehmen, um damit das eigene Seelische ergründen, erkennen und wandeln zu lernen. Dazu will die folgende Aufstellung eine Orientierung und Hilfe anbieten.

Auf diesem seelischen Entwicklungsweg können allmählich die höheren geistigen Wesensglieder individualisiert und eingegliedert werden, die in vedischer Terminologie Manas, Budhi und Atman genannt sind, hier mit Geistselbst, Lebensgeist und Geistesmensch bezeichnet werden. Diese höheren Bereiche des Menschseins sind heute nur in ersten Keimen zu verwirklichen, doch sie wollen immer schon helfend und inspirierend in unser Leben eingreifen, als Ideale, als Gewissensimpulse und Inspirationen für ein gutes und segensreiches Handeln, das im Einklang ist mit dem Willen der Welt.

Wird der Astralleib durch das Ich gereinigt und vermenschlicht, so entsteht daraus das Geistselbst. Dies bedingt, dass wir unsere seelischen und emotionalen Kräfte wie den Zorn, die Gier, die Maßlosigkeit et cetera ichhaft so lenken und umgestalten lernen, damit sie unserem Willen, unserer Selbstbestimmung folgen und uns nicht mehr vereinnahmen und überschwemmen können.

Ebene des:	**Wille**	**Fühlen**	**Denken**
phys. Leibes	Instinkt	Affekt	Wahrnehmung
Lebensleibes	Trieb	Emotion (Laune)	Gestaltwahrneh-mung
Seelenleibes	Begierde	Leidenschaft	Vorstellung
Ich-Ebene	Motiv	Gefühl	Begriff, Urteil
Geistselbst	Wunsch, etwas besser zu machen	Mitgefühl	Prinzip, Typus
Lebensgeist	Vorsatz	Verstehen (Herz)	Idee in Prinzipien
Geistesmensch	Entschluss	Verzeihen, Liebe (Feindesliebe)	Wesen einer Sache

In einem nächsten Abschnitt versuche ich eine Vertiefung der hier dargelegten Gedanken zu erreichen. Denn es geht für den Menschen nicht nur darum, in Raum und Zeit, sich also in seinem Körper und in seiner Seele, also in sich und mit sich selbst zurecht zu finden, wie natürlich auch in seinem sozialen Umfeld, sondern auch die Wege zu finden zum höheren Sein, zur göttlichen Welt, aus der er als höheres, geistig-göttliches Wesen letztendlich urständet.

Eine spirituelle Menschenkunde

Der physische Körper mit seinen Organen, mit dem Blut- und Nervensystem, mit den Drüsen, den Sinnesorganen, mit Haut und Knochen et cetera ist uns hinlänglich bekannt. Er entspricht in analoger Weise dem Erd-Element. Dieser physische Leib besitzt aber nicht nur eine sinnliche Ebene, sondern auch eine nicht sinnliche, die sich zum Beispiel in der Schwerkraft oder in einer elektromagnetischen Strahlung zeigt als untersinnliche Komponente, sowie in einer übersinnlichen ersten Aura-Ebene, die uns die körperlichen Empfindungen erfahren lässt, wie sie über die leiblichen Sinne des Tastens, des Bewegens, des Gleichgewichtes und eines Lebensgefühls erfahren werden können.

Der Lebensleib, entsprechend dem Element Wasser, vermittelt über Meridiane unsere Lebenskräfte zu den Organen des physischen Leibes. Er ist zudem mit den Chakras der astralischen Ebene verbunden, wodurch seelische Kräfte und Energien über den Ätherleib bis in den physischen Leib einwirken können. Im untersinnlichen Bereich untersteht der Ätherleib den Kräften des Magnetismus. Daher kann eine Magnettherapie unterstützend und aufbauend für den Bildekräfteleib wirken. Leiblich findet der Ätherleib seine Einwirkungsmöglichkeit in den Drüsen und im Lymphsystem. Auf der übersinnlichen zweiten Aura-Ebene kann vor allem durch eine Selbstliebe ein gesundes Zusammenwirken von Mensch und Lebensleib erreicht werden.

Der Astralleib, entsprechend dem Luftelement, wird vor allem durch und über die Chakren impulsiert. Unsere seelischen Abgründe und Höhen, unsere Emotionen, Leidenschaften, unsere seelischen Neigungen und Einstellungen entscheiden über das gesunde oder kranke Ausbilden dieser Lotusblumen. Hier wirkt im Untersinnlichen die Elektrizität, vor allem über Nervenprozesse ein. In der übersinnlichen dritten Aura-Ebene kann vor allem der Verstand, also ein gesundes und wahrheitsvolles Denken den Astralleib beziehungsweise dessen Energien und Kräfte ordnen und gestalten.

Die Ich-Ebene, entsprechend dem Feuer-Element, wird hauptsächlich durch zwei Komponenten erfahren, nämlich erstens, durch das niedere Leib-Seele-Ich, durch das „Ich will", durch das Mars-Ich oder Ego, wie es meist genannt wird und zweitens durch das Kern-Ich, das Sonnen-Ich, das „Ich bin".

Das Mars-Ich findet leiblich seine Entsprechung im Blut und in der Galle, das Sonnen-Ich in der Aufrichte der Wirbelsäule und im Herzen. Untersinnlich entspricht dem Ich die Radioaktivität; übersinnlich ist die vierte Aura-Ebene mit dem Ich verbunden, wo es hauptsächlich um die Beziehungen zu anderen, zum Ich der anderen Menschen geht.

Das Mars-Ich oder Ego haftet sich meist an leibliche und seelische Bedürfnisse und Wünsche und gerät so mehr und mehr in einen Egoismus hinein. Mit dem Sonnen-Ich kann jedoch der Weg beschritten werden zu unserem höheren, geistigen Wesen, zu unserem höheren Selbst, wenn sich dieses Ich in Freiheit für einen solchen Schulungs- und Läuterungsweg entscheidet. Da zeigen sich übersinnlich drei Ebenen des Geistes, wo und wie wir diesen Weg finden können.

In der fünften Aura-Ebene, die den physischen Leib umgibt, kann der göttliche Wille ergründet werden, in der sechsten und siebten Aura-Ebene die göttliche Liebe, Weisheit und Gelassenheit.

Das höhere Selbst hat noch keine organische Entsprechung im physischen Leib, doch gibt es Bereiche, wo wir das geistige Licht, das von unserem höheren Selbst ausgeht, gewahr werden können. Erstens über dem Haupt, quasi als Stern, der uns überstrahlt; da offenbart sich das kosmische Selbst als kosmische Intelligenz und Weisheit, die uns unsere Berufung und Lebensaufgabe für das Wirken in der Welt zukommen lassen will. Hier waltet objektive Weisheit.

Zweitens finden wir in unserem Brustraum einen Bereich, wo die Sehnsucht nach dem Göttlichen urständet. Diese Sehnsucht, dieses Strebenwollen ist eine Gabe des Selbst in uns.

Und drittens finden wir im Menschen, in seinem Bauchraum, im sogenannten Hara- oder Nabelzentrum eine geistige Willenskraft, die vom höheren Selbst gespeist wird, um die höheren Ziele und Wahrheiten auch im irdischen Leben umsetzen zu können.

Unser kosmisches Selbst beinhaltet letztlich alle Kräfte des weiten Alls. Im Menschen enthüllt sich dieses Selbst allmählich über viele Inkarnationen, in dem „Bruchstücke" daraus in einem einzelnen Leben individualisiert und damit eigen werden. Jede einzelne Inkarnation hat bestimmte Aufgaben, um sich Fähigkeiten, Tugenden und Eigenschaften aneignen zu können, die nach dem Tod wiederum dem hohen Selbst einverleibt werden können, nun aber mit einer individuellen Nuance.

Der Kosmos beinhaltet alles, das kosmische Selbst ist vollkommen, doch es hat keine Form, nur Inhalt, Substanz. Das Ich des Menschen hat zunächst keinen Inhalt, keine Substanz, es ist reine Tätigkeit, Form. Darum kann sich dieses Ich mit allem verbinden und identifizieren – mit Status, Körper, Seeleneigenschaften, Erfolg und Ruhm. Doch irdische Dinge und Erscheinungen sind vergänglich. Verbindet sich das Menschen-Ich mit den Kräften und Inhalten des hohen Ich, so wird erst Ganzheit erreicht – Form und Inhalt werden eins.

Dann erst fühlt sich der Mensch als ein kosmisch-geistiges Wesen, das keinen Anfang und kein Ende hat. Nur in der Zeit, in der Entwicklung des Menschenwesens enthüllt sich immer wieder nur ein kleiner, begrenzter Teil aus dem großen Ganzen, von Inkarnation zu Inkarnation sich weitend.

Doch auch unser hohes Selbst, unser eigentliches geistiges Wesen ist noch nicht alles, so wie dies mache Mystiker meinen, die eine Befruchtung, eine Erleuchtung aus dem hohen Selbst erfahren haben. Über dem Kosmos, über der geistigen Welt beginnt die himmlische, die göttliche Welt. Und da erst findet der Mensch sein wahres, sein göttliches Ich.

Dieses göttliche Ich, diesen Gottesfunken im Menschen gewahr werden zu können, bedarf eines religiösen Schulungsweges, wie

25

er in einem christliche Jahreslauf als universaler Kultus angelegt ist. Und da ist es vor allem das Weihnachtsereignis, das in urbildlicher Weise die Gottesgeburt im Menschen offenbaren will. Der Weihnachtsstern, der Stern über dem Haupt, deutet hin auf den göttlichen Geist, auf die göttliche Wahrheit. Er kulminiert mit der siebten Aura-Ebene, in die die göttliche Weisheit einziehen kann. Der Laut dafür ist das „I".

Des weiteren offenbart sich die göttliche Liebe im Menschenherzen. Dies entspricht der sechsten Aura-Ebene, der Laut dafür ist das „A".

Und schließlich will der göttliche Wille im Menschen einwohnen, im Solar-Plexus-Gebiet, im Sonnengeflecht des Bauchraumes. Dies entspricht der fünften Aura-Ebene beziehungsweise dem Laut „O".

I A O – das sind die Ur-Laute für das Göttliche im Menschen (als Anrufung und Meditation gedacht).

Der göttliche Wesenskern, Gott will im Menschen vom Haupt über das Herz bis zum Handeln, in Weisheits- und Liebestaten bis in die Glieder einwirken.

Gott ist im Menschen, in dessen göttlichem Sein, in seinem Wesenskern dreifach gegliedert, so wie dies der Dreifaltigkeit Gottes in den Himmeln entspricht. Aus dieser Dreiheit bilden sich im Menschen die höheren Wesensglieder des Manas (Geistselbst), des Budhi (Lebensgeist) und des Atman (Geistesmensch), des Gottmenschen aus.

Nur muss der Mensch Raum schaffen in sich, selbst beiseite treten können, damit die göttlichen Kräfte in ihm wirken können. So lange das niedere Ich noch „Thronhalter" spielen will, sich selbst also auf den Thron, in die Mitte setzt, kann kein wirklicher spiritueller Fortschritt geschehen. Mit diesem Ich kann er zwar enorme Leistungen erbringen in der irdischen Welt, jedoch nicht mehr im Geistigen. Da braucht es Kräfte der Demut, der Ehrfurcht, der Achtsamkeit, der Andacht und der liebevollen Hingabe. Damit sind wir im Irdischen meist nicht die Erfolgreichen. Doch die Letzten werden die Ersten sein im

Reiche des Geistes. Darauf darf man bauen.

Doch auch die Erde will beackert sein, wenn auch Jahwe die Tätigkeit des Abels, das Hüten und Pflegen, anerkannte und die des Kain ablehnte, also das tätige Schaffen an der Erde, so ist für unsere Zeit durch die versöhnende Kraft des Christusgeistes die Möglichkeit gegeben, dass sich diese Gegensätze wieder die Hände reichen. Nicht ein Pol soll auf Kosten des anderen erhöht werden. Es sind ja schließlich die zwei Seiten der einen Medaille, die wir sehen müssen und die erst in ihrer Ganzheit, in ihrer Synthese den rechten Fortschritt bringen. Dies soll dann der Inhalt des nächsten Kapitels sein.

Wege zum Geist

Tief in des Menschen Brust lebt die Sehnsucht nach Einheit, nach Überwindung vom Getrenntsein mit der göttlichen Welt, nach seiner eigentlichen Heimat. Viele Menschen möchten daher auch am Liebsten das irdische „Jammertal" verlassen, um in einer spirituellen Einheit aufgehen zu können.

Doch mit dem Fall, mit der evolutionären Menschwerdung, also mit der Entwicklung einer irdischen Persönlichkeit, ist aber auch eine Aufgabe verbunden. Nämlich die, dass durch den Menschen, durch der Menschen Hände, durch die Arbeit des Menschen an der Erde die Schöpfung weitergeführt wird und zwar, in dem göttlich-geistige Wesen durch den Menschen ins Irdische einwirken können.

So finden wir einen doppelten Strom im geistigen Schaffen:

1. Den Weg des Menschen von unten, von seiner Persönlichkeit ausgehend, seiner Sehnsucht nach Einheit folgend. Dieser spirituelle Weg liegt eigentlich einer kulturellen Evolution zugrunde. Vom persönlichen Schaffen und Kreieren bis hin zum Erfassen und Erfahren eines universalen Geistes, bis hin zum hohen

Selbst, dies ist der Weg des Menschen bis er zum „Buddha" herangereift ist, bis er seine „Buddha-Natur", sein höheres Wesen in sich enthüllen kann. In einer buddhistischen Seelenhaltung wird dieser Weg seit langer Zeit befolgt. Dazu muss viel Hinderndes und Störendes, wie die Anhaftung an das nur Irdische überwunden werden.

2. Den Weg, den das Göttliche im Menschen beschreiten will. Nicht ein „Buddha" ist das Ziel, sondern ein Avatar, ein göttliches Wesen durchdringt des Menschen Ich, Seele und Leib.

Christus ist der „Avatar" aller Menschen. Ein religiöser Weg, zum Beispiel durch die Sakramente, verbindet uns mit ihm. Das göttliche Selbst, der Gottesfunke will sich im Menschen verwirklichen. Er wandelt die Hüllen, die Seele, den Lebensleib bis zum physischen Leib allmählich um, bis der vergöttlichte Mensch, der Geistesmensch einmal erreicht sein wird; natürlich nach vielen Inkarnationen, die der Mensch auf diesem Wege noch vor sich hat.

Dieser Weg entspricht einer Involution, einer Gestaltung von „Oben" nach „Unten". Er hängt zusammen mit einer Sehnsucht nach Gestaltung und Entwicklung in der Welt. Der Mensch hat hier eine „Erdenmission", eine Lebensaufgabe.

Nicht nur das streben nach „Oben", die Auflösung des Irdischen und die Einswerdung mit dem geistigen All, wie es die Abelströmung erreichen will, ist angesagt. Der Kainsweg, zum Beispiel als Prometheus, bringt die göttliche Fackel auf die Erde und gestaltet diese, bis sie vergöttlicht ist. Der „Christus in uns", der Auferstandene ist hier das Urbild, der Prototyp. Christus hat während seines Erdenlebens im Jesus von Nazareth dessen Leibeshüllen so verwandelt, dass der Auferstehungsleib, der Geistesmensch als Urbild, als Keim für uns alle Wirklichkeit geworden ist.

Nun kann man heute verstärkt beobachten, dass viele Menschen sich von den kirchlichen Institutionen zurückziehen, da sie an die Kräfte und Mächte des Religiösen nicht mehr richtig glauben können. Dagegen erfahren buddhistische Gruppierungen einen regen Zulauf. Die Menschen wollen durch einen meditativen Weg in sich selbst Ruhe, Gelassenheit und Frieden finden. Oftmals ist man sich auch einer allzu harten materialistischen Welt-Anschauung überdrüssig geworden. Da kann dann ein Nirvana oder eine Erleuchtung ein schönes Ziel sein.

Doch letztlich bedingen sich beide Wege – der spirituelle und der religiöse Weg. Kain und Abel, die Könige und die Priester, die Hirten, sie müssen sich zukünftig die Hände reichen, wie dies der Ausspruch „Ora et labora", bete und arbeite, anschaulich macht. Zusammen finden sie den Stein der Weisen.

Es ist nicht nur der Sinn im Leben, aus diesem austreten und in ein anderes Dasein übergehen, in einem Nirvana aufgehen zu wollen. Nur in gewissen Zeiten, in der Meditation sollen wir über uns selbst hinauswachsen, um Impulse und Kräfte erfahren zu können, mit denen wir im Leben sinnvoll und fruchtbar wirken können.

Der Mensch mit seiner irdischen Persönlichkeit, er muss seine Rolle, seine Aufgabe im Leben finden und praktizieren. Das Leben der irdischen Person, der Biographie, sie entspricht einer Rolle, wie in einem Schauspiel. Der Schauspieler, der sich in die jeweilige Rolle hineinlebt, ist das höhere Selbst. Von Leben zu Leben wechselt es die Rollen. Der Regisseur, der das Schauspiel inszeniert, ist das göttliche, das wahre Ich. Und der Schreiber des Stückes ist das Göttliche selbst, ist Gott. Gott schreibt die Geschichte der Menschheit, der Erde und des Alls.

Natürlich muss man sich als Persönlichkeit mit seiner Rolle, seiner Aufgabe identifizieren. Jedoch, als guter Schauspieler muss man auch fähig sein, in verschiedene Rollen schlüpfen zu können. Um diesen „Schauspieler", um dieses Selbst in sich ausbilden zu können, wird es also gut und sinnvoll sein, sich in andere Rollen, sich in andere Menschen, Biographien und Lebensentwürfe hinein zu versetzen. Weiten wir so unsere Seele, werden wir auch einmal fähig werden, unsere früheren Rollen, unsere früheren Leben wahrnehmen zu lernen.

Die menschliche Seele wandelt sich also durch das Ich, das sich

mit dem göttlichen Geist, mit dem „Schreiber" des Lebens-
dramas verbindet. Dadurch wird es selbst erhöht, hin zu einem
vergeistigten Menschen mit einem erhöhten Bewusstsein, mit
der Fähigkeit der imaginativen Erkenntnis, der geistigen Schau
durch das Geistselbst, das im Menschen erwacht. Das Geistselbst ist die vergeistigte, vergöttlichte menschliche Seele beziehungsweise des Astralleibes, wenn dieser gereinigt, veredelt und
erhöht worden ist.

Die Seele und das höhere Ich werden eins, wenn die Seele sich
in den Dienst des wahren Ich stellen will. Dadurch können die
Chakren, die Seelenaugen im Menschen von göttlichen Kräften
durchdrungen, geläutert und veredelt werden. Sie blühen auf.

Der Mensch muss bereit zur Wandlung sein, das Göttliche in
sich einlassen, aber auch selbsttätig an seiner Reinheit und
Tugendhaftigkeit, an seinen seelischen Mängeln, Abgründen und
Fähigkeiten arbeiten.

Der Ätherleib wandelt sich, in dem der Mensch mit seinem Ich
an seinen Neigungen und Gewohnheiten arbeitet. Mit Hilfe des
Christus wandelt er ihn allmählich um zum sogenannten Budhi
oder Lebensgeist. Der Lebensgeist im Menschen ist der
vergeistigte, ist der vergöttlichte Ätherleib. Dieser unterliegt
keinen Todeskräften mehr, das heißt, er löst sich im Nachtodlichen, wie der jetzige Ätherleib, nicht mehr im Weltenäther
auf.

Der physische Leib wandelt sich durch das Ich mit Hilfe des
göttlichen Vaters zum Geistesmenschen, zum Atman. Der
Geistesmensch ist der vergeistigte, vergöttlichte physische Leib,
der von den Kräften des Festen, Schweren und Trägen befreit
ist. Es ist der Auferstehungsleib, so wie ihn der Christus als
Urbild und Wirklichkeit für alle Menschen errungen hat. Der
physische Leib und das wahre, göttliche Ich werden darin eins.

Der Geistesmensch, der Auferstandene, hat nicht nur einen Leib,
eine Seele und ein Leben, er ist Leib (Atman), er ist Leben
(Budhi) und er ist Seele (Manas). Dies ist des Menschen Zukunft, dies ist das Ziel, das der „Schreiber" der Weltentwicklung

in seinem großen Drama über viele Rollen und Szenen hinweg für uns vorgesehen hat. Dann ist der Schreiber in seinen Rollen ganz angekommen, er ist eins damit.

Zusammenfassend sei hier noch eine Aufstellung zur meditativen Betrachtung angeführt, die aufzeigen soll, wo im Menschen diese höheren Glieder einwohnen können.

Astralleib – Chakras – Ich-Weg zum Selbst (Stirn) + Heiliger Geist = Manas (Geistselbst)

Ätherleib – Hara - Ich-Weg zum Selbst (Herzen) + Christus = Budhi (Lebensgeist)

Physischer Leib – Solar Plexus – Ich-Weg zum Wesenskern (Nabel) + Vater = Atman (Geistesmensch)

Das Geistselbst will seinen Sitz in der hohen Stirn im Menschen finden. Der Lebensgeist will einwohnen in der Brustmitte, im Herzen. Der Geistesmensch hat sein Zentrum, seinen Wesenskern im Bauch, im Nabelgebiet.

Im Wesenskern, im Atman, ist der göttliche Wille im Menschen offenbar geworden. Im Herzen, im Budhi, ist die göttliche Liebe einwohnend. Und im Haupt, im Manas, ist die göttliche Weisheit immanent geworden. So weit geht des Menschen Weg.

Die Bemühung von „Unten" als spiritueller Weg und die Gnade von „Oben" als religiöses Ereignis sind dann eins geworden. So wie sich einmal der buddhistische und der christliche Geistesstrom auch wieder verbinden wird.

Meditation und Gebet, spirituelle Schulung und religiöse Hingabe sind keine Gegensätze sondern Ergänzungen. So wie auch die priesterliche Linie, die Hirten und die königliche Linie, die Erden-Gestalter zusammenkommen, sich ergänzen müssen, damit Ganzheit, Einheit entstehen kann.

Den Hirten erscheint ein Engel – dadurch finden sie das Kind in der Krippe im Stall. Die Könige folgen dem Stern, der sie zum Kinde führt. Zwei Wege, doch beide führen zum Kind, zur Geburt eines höheren Seins. Zwei Menschheitslinien und -strömungen suchen das Kind. Einmal das reine, unbefleckte

Kind im Stall, einmal das hohe, erleuchtete Wesen, dem die Könige ihre Gaben darreichen: Weihrauch – die Hingabe zum Selbst, Gold – die Weisheit der Erde und Myrrhe – die heilenden Kräfte der Welt. Das reine, himmlische Kind und das weisheitsvolle, irdische Kind, die nathanische und die salomonische Jesus-Seele, sie haben sich im Leben des Jesus auf der Erde vermählt, als beim zwölfjährigen Jesus im Tempel beide Seelen sich verbanden, so wie dies von Rudolf Steiner entdeckt und beschrieben wurde.

Dadurch erst konnte durch Jesus von Nazareth in der Vermählung der Hirten- mit der Königslinie ein Raum geschaffen werden, in den sich der Christus, das göttliche Sonnenprinzip, der göttliche Sohn, der Heiland bei der Jordan-Taufe einleben konnte.

Will sich Christus menschheitlich einleben, müssen sich die Einheitssucher, die Hirten, die Priester, die Abeliten, die spirituell Strebenden, die nach Innen Schauenden, die Mystiker und die Erdengestalter, die Könige, die Magier, die Kainiten, die sich vom Stern, vom Göttlichen in der Welt leiten lassen, zusammenkommen, sich vermählen, einen. Dann erst wird Christus als Menschheits-Avatar für alle Menschen sichtbar in Erscheinung treten können.

Das höhere Ich, die Entelechie im Menschen, die ewige Person, die sich in der Vermählung von irdischer Weisheit und himmlischer Kraft ergibt, sie ist vereint mit allen höheren Ichen der Menschen im Urbild, im Archetyp des Menschen, im Logos, in Christus.

Christus ist das Urbild des Menschen nach Leib, Seele und Geist. Er ist das Ebenbild Gottes, der eingeborene Sohn. In ihm wird der Vater offenbar. In ihm finden sich alle Menschen, alle Welten. In ihn münden alle Wege ein.

Himmelwärts

Neulich las ich den Satz: „Wer den Himmel verliert, verliert sich selbst". Diesen Satz können wir ins Positive gewendet folgendermaßen aussprechen: Wer den Himmel findet, findet sich selbst.

Jedoch können heute sehr viele Menschen eher davon sprechen, den Himmel verloren beziehungsweise ihn nicht gefunden zu haben. Zu sehr sind wir alle ins Irdische verstrickt, um noch die höheren Welten erleben und erfassen zu können. „Gott" ist meist weit in einem fernen Himmel entrückt, nur noch Gebote, Anweisungen und Maßregelungen sind von ihm in religiösen Institutionen übrig geblieben. So aber kann er uns nicht wirklich erreichen und wir ihn auch nicht. Doch wie finden die Wege in den Himmel hinein? Sind uns Zeichen und Hilfen gegeben, die uns himmelwärts führen können?

Ja, die Engel sind es, die uns Botschaft bringen; sie sind die Boten Gottes. Besonders der Schutz-Engel, der persönliche Führer-Engel hat die Aufgabe, dem Menschen beizustehen, wenn dieser sich den Himmeln zuneigen will.

So sollen hier in den nachfolgenden Seiten einige kurze, zusammenfassende Attribute aus den Engelreichen angeführt werden, die uns eine Hilfe geben können für ein meditatives Erspüren und Kontaktieren dieser Reiche und Sphären, die eben nicht fern in einem entlegenen Himmel, Nirvana oder Paradies zu finden sind, sondern zuerst in uns selbst und dies ohne moralische und sittliche Regeln und Anforderungen. Nur in der Zuneigung und Liebe zu diesen Sphären öffnen sie uns ihre Pforten. Daraus entströmen Kräfte und Energien, die uns lenken und führen, so dass wir keine äußere Regeln brauchen, da wir in uns das Gute erspüren und dieses im Leben anwenden wollen. Dies vielleicht nicht gleich beim ersten Mal, aber mit der Zeit, bei andauernder Hinwendung, immer besser und stärker. Vielleicht lehnt sich aber auch erst einmal viel Altes und Unvollkommenes dagegen auf.

Nur in einem dürfen wir nicht nachlassen – im Streben, im Suchen nach den Reichen der Himmel, dann wird auch die Zeit kommen, in der sie sich für uns öffnen. So lange kommen nur zeitweise Impulse und Inspirationen von dort, von unserem Engel beziehungsweise Geistführer zu uns, die wir umsetzen sollen, um so Stufe um Stufe „aufwärts", himmelwärts schreiten zu können.

In diesem Sinne wollen die nachfolgenden Gedanken aufgefasst sein. Sie dienen einer besinnlichen Betrachtung, die einen Überblick über die Engelreiche geben und damit einer meditativen Beschäftigung zugeführt werden können.

Seit einigen Jahren ist das Thema der Engel wieder aktueller geworden, das sieht man schon an den Buchveröffentlichungen zu diesem Thema. Momentan scheint es, dass der Boom wieder etwas abebbt, doch die Wichtigkeit der Beschäftigung damit bleibt natürlich bestehen, da der Engel dem Tierkreiszeichen Wassermann zugeordnet ist und wir in der beginnenden Wassermannzeit darinnen stehen.

Die geistige Welt wirkt ja immer wieder in das Irdische hinein, von Zeit zu Zeit mehr oder auch mal weniger, wie heute, wo der Mensch um seiner Freiheit willen meist alleine seinen Weg beschreiten muss. Sicherlich, in der Kindheit ist der Engel noch ganz nahe, doch schon in der Jugendzeit will sich der Jugendliche davon emanzipieren, will Eigensein ergründen bis er in der Lebensmitte von allen „guten Geistern" verlassen ist, nur noch auf sich gestellt, oftmals eine innere Leere erleben kann. Die geistige Welt wartet dann auf einen Impuls des Menschen. Wir sollen selbstbestimmt und in Freiheit uns wieder mit dem Himmel verbinden wollen, dann kommen die guten Mächte uns auch wieder näher.

Ein gutes Beispiel für das Einwirken geistiger Wesen in früherer Zeit, wo dieses eben noch viel öfter geschah, ist uns vor allem in Jean dÁrc, der Jungfrau von Orleans gegeben. Aber auch in zahlreichen Erfindungen, in der Kunst, in der Politik sind immer wieder Inspirationen und Impulse zu erleben, die Wirkungen in der Menschheit auslösen können, damit sich die Welt zum Guten wenden kann.

Jedoch gilt es heute verstärkt, einen bewussten und selbstbestimmten, also einen willenshaften Weg zu den Engelreichen zu suchen. Die Engel warten darauf, in ähnlicher Weise wie auch die Elementarwesen in der Natur. Jedoch, sie anerkennen des Menschen Freiheit. Verliert sich der Mensch zu sehr im Irdischen, im Materialistischen, muss der Schutzengel warten, er dämmert quasi vor sich hin, bis der Mensch, manchmal auch durch Schicksalsschläge, für die höheren Welten erwachen will.

Jedoch, nicht alles was uns aus inneren Stimmen und Eingebungen entgegenkommt, muss nur von guten und fortschrittlichen Geistern kommen. Es gibt eben auch die gefallenen Engel, die uns verführen, anklagen, ja sogar energetisch ausbeuten können und dürfen. Sie sind von der göttlich-geistigen Welt zugelassen, damit der Mensch an ihnen erwacht beziehungsweise von ihnen korrigiert wird.

So ist es auch nicht immer vorteilhaft, von Medien, in Trance, Hypnose oder ähnlichem, also mit einem abgedämpften Bewusstsein sich übersinnlichen Welten nähern zu wollen, meist noch um irgendwelche persönliche Fragen klären zu können.

Denn wir entscheiden auch immer mit, welche Geister wir anziehen. Unsere Aura kann mit einem Kometenschweif verglichen werden, in dem wir alle unsere Neigungen, Einstellungen und Eigenschaften mit uns hinterher schleppen. So gilt es, gerade wenn wir uns den Engeln nähern wollen, gute Gedanken und reine Empfindungen in sich zu schaffen, vor allem auch, wenn wir uns verstärkt unserem Schutzengel, zum Beispiel in einer Meditation, nähern wollen.

Wachbewusst dürfen wir die Engel anrufen, durch Gebet und Meditation, in der Stille und Hingabe. Die Seele soll dabei „marienhaft" werden: „Mir geschehe nach deinem Wort".

Doch zunächst möchte ich hier in recht kurzer Form eine Hierarchienlehre anführen, wie sie zum Beispiel bei Dionysius dem Aeropagiten zu finden ist und durch Rudolf Steiner und andere näher beschrieben ist. Eine Kosmologie kann sich daraus ergeben, wenn wir zum Beispiel die jüdische Kabbala, den Lebensbaum, also die zehn Sephirot hinzunehmen. Darin kann die kosmische Ordnung recht anschaulich dargestellt werden. Ein Schöpfungsakt darf darin abgelesen werden, zunächst eine göttlich-geistige Schöpfung, die sich immer mehr verdichtet, immer konkreter und zuletzt ganz irdisch wird. Verschiedene Ebenen werden darin sichtbar:

- **Die göttliche Welt** – die Trinität – der Urgrund allen Seins – die Himmel (Ain, Ain Soph, Ain Soph Aur), daraus strömen die Ausstrahlungen für die göttlich-geistige Schöpfung – hin zur ersten „geschaffenen" Welt.

- **Die Welt der Emanationen** – Ausstrahlung – (Aziluth)
Impuls – Feuer (Wärme, Liebe)
1. Hierarchie – Kräftegeister:
  Seraphin – Geister der Liebe – Kether – Neptun
  Cherubim – Geister d. Harmonie – Chokmah - Uranus
  Throne – Geister des Willens – Binah – Saturn
Aus ihnen strömen die Ausstrahlungen, die Kräfte als Urbilder, als Urideen zum Erschaffen der geistigen Welten – der höhere Devachan – die eigentliche geistige Welt – sie wird beschützt vom großen Hüter der Schwelle.

- **Die Welt der Schöpfung** – Offenbarung – (Briah)
Bewegung – Luft (Licht)
2. Hierarchie – Lichtesgeister:
  Kyriotetes – Geister der Weisheit – Chesed – Jupiter
  Dynameis – Geister der Bewegung – Geburah – Mars
  Exusiai – Geister der Form – Tipheret – Sonne
Die Schöpfergeister gestalten den geistigen Kosmos – er offenbart sich in konkreten Bildern, Imaginationen – der göttliche Gedanke wird geistig manifest – niederer Devachan.

- Die Welt der Gestaltung – (Yetzirah)
Gestaltung – Wasser (Klang)
3. Hierarchie – Seelengeister
Archai – Zeitgeister, Geister d. Persönlichkeit - Netzach - Venus
Archangeloi – Feuergeister, Gruppengeister – Hod – Merkur
Angeloi – Führer der Seelen, Boten – Jesod - Mond
Hier geschieht die geistige Gestaltung bis in die Astralsphäre,
bis ins Seelische hinein. Rupa- und Arupa-Plan. In Jesod sogar
bis in die Äthersphäre hinein. Die Engel (Angeloi) haben als
unterstes Glied einen Ätherleib.

- Die Welt der Form - (Asiah)
Handlung - Aktion – Erde (Leben)
Mensch, Tier, Pflanze, Mineral - Malkuth – Erde
Sinnliche Welt – Entwicklung der Persönlichkeit

Jedoch, die Schwere, das Feste, die Materialisation, die Ver-
dichtung, die Schwerkraft, sie wurden bewirkt durch ahrima-
nische Wesenheiten, nicht durch die obengenannten fortschreitenden Hierarchien. Diese ahrimanischen Wesen gehören einer
anderen Entwicklungslinie an als die zuvor genannten Hierarchien. Sie haben in früheren Zeiten deren Entwicklung nicht
richtig mitgemacht und fielen dadurch aus der göttlich-geistigen
Schöpfung heraus. Sie wollen ihr eigenes Reich schaffen, in
dem nur noch das Kalte, Mechanische, Feste und Tote herrschen
soll. In diese Sphäre haben die göttlich-hierarchischen Wesen
keinen direkten Einfluss, keinen direkten Zugriff mehr, da sie
eben nur bis ins Ätherische, nicht aber bis zu den untersinnlichen Käften einwirken können. In Ahrimans Welt überwiegen
die Todeskräfte. Seine Energie ist die Elektrizität und die kalte
Intelligenz, die jedoch riesig ist.
Der Mensch entwickelt an der Materie und deren Kräfte seinen
Intellekt; er muss durch die Materie, durch die Todeskräfte
hindurch, als Resultat des Sündenfalls, und stößt dabei immer
stärker auf die untersinnlichen Welten und Energien (Elektrizi-

tät, Magnetismus, Radioaktivität). Er kann sich darin verlieren oder wieder aufsteigen wollen. Dies ist eine Gefahr, eine Schwelle, die uns heute alle betrifft.

Der Aufstieg zu den geistig-himmlischen Welten ist möglich geworden, weil die Christuswesenheit bis in die innersten Tiefen, bis zum Erdmittelpunkt abgestiegen ist (Golgatha). Durch ihn ist ein Aufstieg beziehungsweise ein Durchgang durch die Erdkräfte bis zum sonnenhaften Goldkern der Erde wieder möglich geworden, was miteinander zusammenhängt. Gehen wir einen Schritt tiefer ins Irdische hinein, sollen wir auch wieder einen nach oben gehen. Dabei muss der Eigenwille, unser Egoismus überwunden werden. Es gibt neun geistige Hierarchien und entsprechend neun Erdschichten, die wir alle noch kennenlernen dürfen. In Dantes Göttlicher Komödie sind einige dieser Erdschichten beschrieben oder in antiken Erzählungen von den chtonischen Gewalten und Welten. Dies soll hier aber nicht weiter ausgeführt werden.

Denn heute ist es zunächst vordergründig, an einer Spiritualisierung des Intellektes zu arbeiten. Nicht verzichten müssen wir auf diesen, so wie das manche spirituellen Lehrer predigen, denn der Intellekt schenkt uns die Fähigkeit des selbstständigen Erkennens und damit eine Entscheidungsfreiheit beziehungsweise eine Urteilsfähigkeit. Darauf sollten wir nicht verzichten wollen.

Denken wir uns zum Beispiel in die Engelsphären, in übersinnliche Welten und Begriffe hinein, wird unser Intellekt offen, lebendig und geschmeidig, bis dahin, dass erweiterte Begriffe sich zu Imaginationen, inneren Bildern und geistigen Eindrücken wandeln können.

Diese können von unserem Schutzengel beziehungsweise von unserem geistigen Führer stammen, der ja alle unsere Inkarnationen überblickt und unser höheres Wesen, unser Selbst trägt und beschützt. Allmählich kann so eine Zusammenarbeit mit diesen Geistwesen angestrebt werden, um gemeinsam die Schöpfung in einem guten Sinne weiterführen zu können.

Meditative Schulung

Ein spiritueller Schulungs- und Übungsweg kann wieder einen Zugang gewinnen zu den geistigen Sphären des Seins. Dabei kann man folgende Methoden unterscheiden:

Die Anrufung der göttlichen Hierarchien und elementarischen Wesenheiten.

Das Gebet an die göttliche Welt – Gnadenwirkung. In die Himmel kommen wir nur durch die Gnade hinein.

Die Meditation ist ein Stufenweg, der vom Menschen ausgeht, selbstbestimmt, als eine Freiheitstat.

Die Meditation, der wir uns hier zuwenden wollen, können wir folglich selber gestalten. Sie ist eine reine Freiheitstat. Dabei können grundsätzlich drei Stufen unterschieden werden, um allmählich den ganzen Menschen damit durchlichten beziehungsweise umwandeln zu können.

1. Stufe: Hier geht es darum, das Denken, den Intellekt zu spiritualisieren. Dies entspricht in analoger Weise der Ebene der Gestaltung, die wir im vorigen Kapitel erwähnt hatten, somit auch der dritten Hierarchie und da vor allem der Engelsphäre. Wir beginnen also bei Malkuth, der exakten Beobachtung der sinnlichen Welt und streben allmählich höher in nichtsinnliche Bereiche hinein.

Zunächst müssen wir dazu den Gedankenstrom, das Hin- und Her-Denken anhalten können. Unsere Gedankenmuster gleichen, bildlich gesprochen, einem Ameisenhaufen – alles ist unberechenbar, scheinbar ziellos, so wie die einzelnen Ameisen sich bewegen und doch gibt es im großen Ganzen ein sinnvolles Tun. Wollen wir Stillstand im Denken, kann es zunächst aber sein, dass sich unser Inneres erst einmal kräftig dagegen wehrt, als ob jemand einen Stock in den „Ameisenhaufen" steckt. Da gerät auch alles in Aufruhr, in Unruhe hinein.

Anstelle eines unwillkürlichen Gedankenstroms stellen wir einen meditativen Begriff, ein Bild beziehungsweise eine Bilderfolge, einen Spruch oder ein Mantram in unsere Aufmerksamkeit und verinnerlichen diese. Wir verweilen ganz in diesen Inhalten, werden damit eins.

Ätherkräfte bilden die Grundlage für den Denkstrom, sie sind, wenn man sie beobachten lernt, ausströmend, weitend – sie öffnen sich quasi für das „Große Denken", für das Weltendenken, das sich als Imagination, als Idee oder Ideal in uns offenbaren kann. Diese Geistimpulse werden für uns auf dem Seelenplan, also in der Astralsphäre beziehungsweise im Bereich der 3. Hierarchie bewusst. Der Engel überträgt sie – er legt sie in unser Denken, in unseren Astralleib hinein.

2. Stufe: Das Fühlen spiritualisieren; dies entspricht der Ebene der Schöpfung, der Bewegung.

Hier sollen wir uns vom Denken, auch von Imaginationen, von allem, was wir vorher errungen haben, leer machen. Schweigen – eintreten in die Stille. Doch zunächst wird es gar nicht so still sein – Gefühle steigen aus diesem „Nichts", aus diesem Seelengrund auf (Unruhe, Ängste, Erinnerungen, Emotionen, Zweifel et cetera). Diese dürfen wir anschauen, aber immer wieder auch loslassen. Eine Sammlung in der Mitte, in der inneren Sonne, im Herzen erlöst allmählich von den drängenden Gefühlen. Wir sollen ganz in diesen Herzraum eintreten, mit ganzer Seele, mit ganzem Erleben. In dieser Mitte, in diesem Punkt geschieht eine Art Umstülpung, es öffnet sich ein seelisch-geistiger Raum. Dieser Raum wird endlos groß, er verschwindet im All und mit ihm das kleine, menschliche Ich. Wichtig ist hier, wach zu bleiben, nicht einzuschlafen, wie dies normalerweise geschieht, wenn wir am Abend unser Denken und Fühlen vergessen, einschlafen und unbewusst in die Reiche der Nacht eintreten. Durch meditative Bemühung und Übung können wir es schaffen, sich von dieser Weite, von dieser Unendlichkeit, von dieser „Nacht" befruchten zu lassen.

Empfangen, lauschen, achtsam sein – Geisteskräfte strömen ein. Eine Inspiration kann sich ereignen – die Welt, das All beginnt zu tönen, das innere Wort erklingt.

Die zweite Hierarchie gestaltet in der tönenden und schaffenden Kraft. Die Erzengel übertragen diese Energien in die Gruppenschicksale und menschlichen Beziehungen hinein.

3. Stufe: Den Willen spiritualisieren.

Hier geht es darum, auch das Fühlen und den Seelenraum leer zu machen. Es bleibt ein bewegungsloses Verharren, ein Starrsein, wenn wir nichts mehr wollen, auch keine Inspirationen aus der geistigen Welt. Ein endloses Warten, man fühlt sich wie festgenagelt, Todeserlebnisse treten ein, kein Vor und Zurück ist mehr möglich. Tiefe Abgründe tun sich auf. Bodenlosigkeit, Starre, Kälte – Tod. Wir erleben uns wie am Kreuz.

Eine Überwindung kann nur geschehen, wenn wir bereit werden, alles Eigene zu opfern, alles Selbstische, alles Wollen. Allein die Liebe zur Welt des Geistes und zu allem Sein trägt durch den Tod hindurch.

Göttliche Liebeskräfte in sich hineinlassen – sie wollen. Sie verbinden mit dem All. Durch diese können wir mit allem eins sein. Dies ist die Ebene der Intuition, sie hat ihre Entsprechung zur 1. Hierarchie. Wir sind in der Sphäre der Kraft, der Kräftegeister. Die Archai, die Zeitgeister übertragen sie in unsere Welt. Die geistige Welt beginnt in uns zu leben, zu wollen, zu wirken. Der Weltenwille offenbart sich in uns. Die höhere geistige Welt beginnt in uns und durch uns zu leben.

In der Meditation, in diesen Stufen können wir dies immer wieder erüben. Oftmals haben diese Ebenen auch eine Entsprechung im äußeren Leben, wo Ereignisse auftreten können, die diesen Inhalten ähneln.

Jedoch ist dies hier Dargestellte schon eine sehr hohe Stufe der meditativen Arbeit. Als Weg und Ziel kann dies hier Beschriebene aber doch eine Klärung bringen, da es heute sehr viele Meditationsarten gibt, die oftmals nur noch dem eigenen Wohl, der inneren Balance oder der schnellen Erleuchtung und Erfüllung dienen sollen. Höhere Ebenen und Schwierigkeiten, die sich auf einem solchen Weg ereignen können, werden dabei meistens ausgeklammert.

Natürlich sollten wir da beginnen, wo wir momentan stehen. Meist haben wir schon Mühe, innere Ruhe und Gedankenstille herstellen zu können. Ohne eine innere Ruhe und Mitte können meditative Übungen, vor allem auch, wenn sie zu ehrgeizig und maßlos betrieben werden, sehr gefährlich für das seelische Gleichgewicht sein.

Eine sichere Hilfe auf dem meditativen Weg kann der Kontakt mit dem persönlichen Geistführer, dem Schutzengel bieten, den jeder nun einmal hat. Diesem wollen wir uns in der folgenden Mediation in einem ersten Schritt zuwenden.

Es geht zunächst darum, den Engel spüren zu lernen, ihn zu fühlen. Dabei darf man aber nichts erzwingen wollen oder zu neugierig sein. Achtsamkeit ist angesagt und ein Warten, einfach Sein – mit dem Herzen hören.

Dann, wenn man ihn spürt, kann man ihm auch Fragen stellen, die uns am Herzen liegen. Engel zeigen manchmal auch die gegenwärtigen Probleme und Hindernisse auf und sie führen durch, wenn wir an diesen dran bleiben, sie klären wollen.

Alle Wahrnehmungen geschehen lassen – sein lassen, darauf kommt es an. Was will der Engel uns mitteilen, welche Impulse, Bilder, Ideen und Ideale sendet er uns?

Wir schließen nun die Augen, setzen uns gerade hin und atmen ruhig und entspannt. „Ruhe ist in mir".

Wir bitten nun um Schutz und Führung – unser Engel möge uns nur das offenbaren, was auch gut für unsere geistige Entwicklung ist.

Mit einem Spruch (Mantram) aus dem 1. Mysteriendrama von Rudolf Steiner beginnen wir die Meditation:

„Des Lichtes webend Wesen,
es erstrahlet durch Raumesweiten,
zu füllen die Welt mit Sein.
Der Liebe Segen, er erwärmet die Zeitenfolgen
zu rufen aller Welten Offenbarung.
Und Geistesboten, sie vermählen des Lichtes webend Wesen mit Seelenoffenbarung;

und wenn vermählen kann mit beiden
der Mensch sein eigen Selbst,
ist er in Geisteshöhen lebend".

Wir stellen uns einen Lichtstrahl vor und fühlen ihn, wie er von Oben, von den Himmeln durch uns hindurch bis ganz nach Unten, zum Mittelpunkt der Erde, zur Gold-Erde herunterreicht und von dort geht ein Strahl wieder hoch bis ins weite All. Im Herzen begegnet sich der Strahl von Oben und Unten. Von hier aus, dem Herzen, bilden wir einen Lichtraum, der uns Schutz und Sicherheit gewährt. Blaues Licht hüllt diesen Innenraum ein. Wie eine Kugel dehnt sich dieser Farb-Lichtraum vom Herzen weiter und größer werdend aus und umhüllt uns ganz. In diesen Raum kann sich der Engel einleben. Wir bitten darum.
Ihn da sein lassen – spüren, achten, auf das, was er für uns bereit hält. - Wir können ihn spüren, er ist hinter uns – im Rücken werden wir zuerst seiner Energie bewusst.
Nun können wir ihm Fragen stellen, zum Beispiel nach seinem Namen oder Fragen nach Heilung oder ihn um ein Schutzzeichen bitten.
Dazu gehen wir geistig auf eine imaginative Wanderung. Wir sind auf einer Wiese mit vielen schönen Blumen, die Sonne scheint, ein Bach plätschert munter vor sich hin; wir schauen die Landschaft an und sehen in der Umgebung einen Berg, wo hinauf ein schmaler Pfad führt, den wir behutsam aufsteigen. Schon erblicken wir den Gipfel, auf dem ein Kreuz zu sehen ist. Allmählich erreichen wir den Gipfel und gehen langsam zu dem Kreuz hin. Wir schauen es genau an und sehen darunter eine Tafel, eine Steinplatte oder ähnliches. Darauf ist ein Zeichen abgebildet, ein Symbol, das nur für uns bestimmt ist. Wir schauen dieses Zeichen gut an – nehmen es dankbar an.
Dann verabschieden wir uns von diesem Platz und kehren die Rückreise an. Nun sind wir wieder in unserem Lichtraum, danken und beschließen für heute den bewusst gewollten Kontakt mit unserem Engel.

„Des Lichtes webend Wesen, es erstrahlet in Raumesweiten,
zu füllen die Welt mit Sein.
Der Liebe Segen, er erwärmet die Zeitenfolgen
zu rufen aller Welten Offenbarung.
Und Geistesboten, sie vermählen des Lichtes webend Wesen
mit Seelenoffenbarung;
und wenn vermählen kann mit beiden
der Mensch sein eigen Selbst,
ist er in Geisteshöhen lebend".
Noch einmal rekapitulieren, was erfahren wurde, nachklingen
lassen …
Dies als eine erste Annäherung. Der Name des Engels entspricht
seinem Wesen, seiner Kraft und Aufgabe. Die Bedeutung des
Namens sagt etwas aus über die Qualität der Kraft, mit der er
uns beflügeln beziehungsweise inspirieren kann. Und durch
unseren Engel können noch höhere Geistwesen mit uns in Be-
rührung kommen, der Volksgeist, der Zeitgeist bis hin zu den
Kräftegeistern, die die göttlichen Kräfte der Liebe und Weisheit
übertragen können.
Beim Engel fangen wir an und wandern durch ihn allmählich
himmelwärts. Nur Geduld müssen wir selbst aufbringen –
warten können, leer werden, im Herzen sein, da sein, damit wir
Raum schaffen können für die Wesen der geistigen Welt – in
unserem Herzen, in unserer Seele, in unserem ganzen Sein.
Doch eines sollen wir dabei immer bedenken. Unser aller Ziel
sind nicht die Engelwelten, sondern das göttliche Leben selbst.
Aus Gott sind wir geboren und zu seinem Geist sollen wir
zurückkehren. Die Engel stehen diesem Ansinnen und Weg nicht
entgegen, sie sind wie Stufen auf der Leiter zum Göttlichen hin.
Sie helfen uns, Gott näher zu kommen, wenn wir deren Qualitäten und Kräfte annehmen können, bis dahin, dass sie in unsere
Aura einwirken und in uns da sein können.
Hat der Mensch irgendwann einmal seine Engelstufe erreicht,
kann der Schutzengel frei werden für neue Aufgaben. Heute
noch verbindet der Engel des Menschen persönliches Leben mit

den Leben früherer und späterer Inkarnationen. Er überblickt quasi des Menschen großen Werdegang über alle Inkarnationen hinweg. Ist der Mensch aber so weit gereift, dass er diese Sichtweise selbst errungen hat, wird er reif, sich vermehrt einem Erzengel oder Volksgeist annähern zu können. Diese verbinden die einzelnen Menschenschicksale mit den größeren Gruppenzusammenhängen, den Völkern oder Rassen.

Und dann noch weiter, aufstrebend bis zu den höchsten Geistern, die aber auch schon durch Engel und Erzengel hindurchwirken wollen. Ja, auch das Göttliche selbst will letztlich durch und in seinen Geschöpfen wirkend und gestaltend erlebt werden – bis hinunter zum Menschen, wo das Gottes-Ich im Menschen-Ich gefunden werden kann.

Denn das Ich des Menschen ist in seinem Grunde göttlicher Natur. Nur befreien müssen wir es von allen irdischen Begehrungen und Anhaftungen. Und es soll sich hingeben lernen dem großen Ich, dem Welten-Ich, dem Christus-Ich, das in einem Menschen Wohnung genommen hat, also irdisch-zeitliche Realität geworden ist.

Findet der Mensch durch und in seinem Ich das große Ich, den Christus, das göttliche Licht in sich, kann er sogar zum Helfer und Impulsgeber für die Engelwelten werden. Wir müssen also nicht nur Empfangende sein und uns führen lassen vom Engel. Wir dürfen etwas zurückgeben. Das erst macht eine echte Gemeinschaft aus. Die geistige Welt nährt sich auch von den Menschen und da vor allem von deren Liebe, die sie im Irdischen aufbringen, egal auf welchem Felde diese sich betätigt.

In früheren Zeiten wurde der Mensch von göttlichen Kräften geführt und gelenkt. Erst ab der griechisch-lateinischen Kultur- und Zeitepoche war sein Ich so stark, dass er von diesem aus sein Leben immer selbstständiger gestalten lernte. So wurde und wird der Mensch im Laufe der Zeit vernünftig und manchmal auch weise. Vorher gab es Propheten und Priester, durch die das göttliche Wort ertönte. In Zukunft wird durch das Ringen der Menschen um göttliches Licht in sich selbst, der Mensch zu einem Liebenden beziehungsweise zu einem „Heiligen", das heißt, er wird in seinem Inneren, in seiner Seele heil.

Dies ist natürlich ein sehr langer Weg, doch in der Wassermannzeit soll und kann dieser Weg beginnen. Wir dürfen das Licht in unserem Ich finden, nicht mehr nur in Symbolen, Zeichen, Gottesbildern und Gottesvorstellungen oder in den vielfältigen äußeren Erscheinungen in Naturkräften und erhabenen Wesen.

In uns oder nirgends ist Gott. Haben wir ihn in uns erkannt, werden wir seine geheimen Offenbarungen auch im Außen entdecken, in der Natur, im Lauf der Sterne und Planeten bis hin in den weiten Makrokosmos hinein. Doch zunächst gilt es, im Mikrokosmos Mensch alles zu entdecken, was ursprünglich im weiten All, in den Himmeln zu finden ist.

Irgendwann wird sich der Mikrokosmos, das göttliche Licht im Menschen mit dem Makrokosmos und der himmlischen Welt vereinen. Dann ist die Gottseligkeit erreicht, die Einheit mit Gott. Erde und Himmel, Mensch und Gott sind dann eins.

Da erst endet der rosenkreuzerische Schulungs- und Einweihungsweg. Er beginnt im Studium okkulter Lehren, geht die vorher beschriebenen Stufen der Meditation beziehungsweise zu den Bewusstseinsstufen der Imagination, Inspiration und Intuition. Dann erst wird er zum Träger des Steins der Weisen, wenn inneres Geisterleben mit dem makrokosmischen Geist verbunden werden kann. Im weiteren wird dann allmählich der Makrokosmos, die innere Erde und das weite All zur Lebenssphäre für den Eingeweihten bis schließlich auf der siebten Stufe die Gotteinigung erreicht werden kann.

Von der Geistgeburt im Menschen

Bei einer Geburt kommt neues Leben, kommt eine neue Seele, kommt ein Kind zur Welt. Dieses ist die ersten Jahre noch getragen von einer höheren Intelligenz, was sich unter anderem darin zeigt, dass Kleinkinder ohne intellektuelles Lernen Stehen, Laufen, Sprechen und Denken lernen. Was für eine Leistung! Welche Kraft und Intelligenz muss dahinter sein, die dies vermag?

Wer bei einer Geburt zugegen war, wird die Atmosphäre und den ersten Blick des Kindes als etwas ganz Besonderes erlebt haben. Da schaut „Jemand" wie aus einer weiten Ferne und unendlichen Tiefe in unsere Augen, wodurch wir nur noch staunen und tief ergriffen sein können. Wo kommt dieser Blick her? Aus irgendwelchen Genen oder leiblichen Begebenheiten sicher nicht.

Der Friede, der bei einem Geburtsgeschehen anwesend ist, kann die ersten Lebenstage wunderbar erscheinen lassen und er lässt die Anwesenden beglücken. Welch ein Wunder!

Da wird also eine Atmosphäre spürbar, die vom Engel des Kindes und von seinem höheren Selbst ausgeht, die noch ganz nah beim kleinen Kind sind, es führen und beschützen. Mit der Entwicklung der Persönlichkeit verliert das Menschenwesen im Laufe seiner Biographie die Führung durch das hohe Selbst immer mehr. Der Mensch muss auf seinem Lebensweg selbstständig und reif werden, um seine Erdengeschicke meistern zu lernen.

Außerordentliche Schicksale, wie zum Beispiel bei einem Kaspar Hauser, der jahrelang aus machtpolitischen Motiven von jeglicher Zivilisation ferngehalten wurde, zeigen, dass dieses frühkindlich Reine, dieses Offen- und Unschuldigsein auch noch im späteren Leben da sein kann. Natürlich wünscht sich niemand solch ein Schicksal. Jedoch, der Ausspruch des Christus: „So ihr nicht werdet wie die Kinder, könnt ihr nicht in das

Himmelreich gelangen" ist eine tiefe Wahrheit.

Das spielerische, offene, vorurteilsfreie, spontane, staunende, entdecken wollende, kreative, positive, liebevolle und unbefangene Wesen eines Kindes kann auch von Erwachsenen gesucht, behütet und gelebt werden. Wir waren ja alle einmal Kinder und hatten diese Fähigkeiten in uns, also können wir sie auch wieder finden.

Im christlichen Jahreslauf verweist das Weihnachtsereignis auf ein Geburtsgeschehen. In älteren Kulturen wurde zur Wintersonnenwende der erneute Aufstieg der Sonne gefeiert, die auf der nördlichen Halbkugel ihren tiefsten Punkt überwand. Drei Tage später feiert die Christenheit am 24. Dezember die Geburt des Christkindes, des göttlichen Kindes im Menschen- und im Erdensein. Dieses biblische Geschehen brachte der Menschheit die innere Sonne, das göttliche Wesen selbst in einen Menschen hinein. Auf zweifache Weise ist dies geschehen:

Im Lukas-Evangelium wird die Geburt geschildert in einer Krippe, da Maria und Joseph keine Herberge gefunden hatten, wohin die armen Hirten durch einen Engel gerufen wurden.

Im Matthäus-Evangelium wird eine Geburt geschildert in einem Haus, dorthin die drei Könige reisen, die von einem Stern geführt werden.

Also haben wir es mit zwei verschiedenen Geburten zu tun, was man auch am Stammbaum ablesen kann, der diesen Evangelien mitgegeben ist. Rudolf Steiner schildert aus geisteswissenschaftlicher Forschung zwei Geburten, also von zwei Jesusknaben, die er den salomonischen und den nathanischen Jesus nennt, entsprechend der Stammbaumlinien.

Im salomonischen Jesus des Matthäus-Evangeliums inkarnierte sich eine sehr reife und weisheitsvolle Seele, die Zarathustra-Wesenheit, im nathanischen Jesus des Lukas-Evangeliums eine reine und engelhafte Seele, die zuvor noch nie eine irdische Inkarnation durchmachte, die vorher also nur in kosmischen Sphären, zum Beispiel als Krishna in vedischen Geschichten auftrat, quasi als Urbild der Menschenseele überhaupt.

Dieses Weihnachtsereignis kann aber auch heute noch als Urbild gelten für eine Geistgeburt, die sich im Menschen ereignen kann, wenn er sich dem Geistig-Göttlichen in sich und in der Welt nähern will. Sicherlich, zuvor im Advent und in der dunklen Novemberzeit muss eine Reinigung und Wandlung vollzogen worden sein. Das allzu Persönliche muss beiseite treten können, damit ein Höheres erscheinen kann.

Aber auch da haben wir es mit zwei Qualitäten zu tun, quasi mit zwei Kindern, mit zwei Geburten, die in uns vonstatten gehen können. Nämlich mit der Geburt des höheren Selbst und mit der Geburt des wahren, des göttlichen Ich im Menschen.

Die Geburt des höheren Selbst geschieht analog der Geburt der salomonischen Jesus-Seele, zu der die Könige pilgerten. Der Königs-Weg, das spirituelle Üben und Streben folgt dem Stern, dem höheren Ich und findet so das Kind im Hause zu Bethlehem beziehungsweise die Wohnstatt des geistigen Selbst im Menschenreich. Folgen wir immer unserem Stern, unseren Idealen und Eingebungen aus dem hohen Selbst, werden wir dereinst auch den Raum finden, wo dieses Selbst auch in uns einziehen, zur Geburt kommen kann. Nur müssen wir wie die Könige die Gaben: Weihrauch – die spirituelle Hingabe, Gold – die göttliche Weisheit und Myrrhe - die göttliche Kraft und Güte mitbringen, damit wir nicht nur Empfangende, sondern auch Gebende sein können.

Weihrauch weist hin auf das Scheitel-Chakra, auf die Hingabefähigkeit zum göttlichen Geist. Gold deutet hin auf das Stirn-Chakra, die Weisheit findet den Weg. Myrrhe entspricht dem Hals-Chakra, der göttliche Wille soll den Menschen leiten. Dieser Wille führt ins Herz, ins Herz-Chakra hinein. Dort will das Kind, das höhere Selbst zur Geburt gelangen. Dorthin soll sich die reife Seele hinwenden, um in sich, in seinem Ich das höhere, kosmische Selbst gebären zu können.

Jedoch wird dies kein einmaliges Geschehen sein. Immer wieder werden Sterbe- und Geburtsvorgänge im Menschen nötig sein im Laufe seiner Biographie, bis man mit der Zeit durch andauernde Meditation und spirituelle Übung ein zweites Ich neben seinem bisher bekannten erleben kann. Und allmählich werden diese zusammenwirken und zusammenwachsen, wenn das niedere, menschliche Ich sich immer mehr mit dem höheren Selbst verbinden kann, durch seelische Läuterung, Reinigung und Ich-Reifung. Das hohe Selbst übernimmt dann die Führung in der Menschenseele.

Das Substanz-Ich, das Selbst und das Form-Ich, das „Ich bin", der Kern im Menschenwesen, vermählen sich zum höheren Ich, das fortan zu wirken beginnen kann. Das menschliche Ich und das höhere Geistwesen werden eins.

Das ist die Geburt aus Feuer und Geist, auf die Johannes der Täufer hingewiesen hat. In einem späteren Kapitel werde ich diesen Gedanken noch etwas vertiefen, so dass es hier nur bei einer kurzen Erwähnung bleiben muss.

Nun noch zur zweiten Weihnachtsgeschichte im Stall zu Bethlehem. Ochs und Esel, das Wurzel- und das Solar-Plexus-Chakra beziehungsweise die triebhaften und die egozentrischen Seelenkräfte dienen, wenn sie geläutert sind, dem Kind. Maria, die Herzenskraft beziehungsweise das Herz-Chakra, dient ganz dem Höheren. Joseph, er entspricht dem Hals-Chakra, unterstellt sich dem Willen Gottes.

Hier in dieser Weihnachts-Geschichte findet sich kein Zuhause, Maria und Joseph sind auf der Suche nach einer Unterkunft. Das göttliche Kind findet keinen Platz bei den irdischen Menschen. In einem Stall, als Bild für den irdischen Körper, will es auf die Erde kommen.

Die Hirten auf dem Felde bewahren noch etwas von der Kindheitskraft in sich. Sie finden die Krippe im Stall zwischen Ochs und Esel, also zwischen dem ersten und dem dritten Chakra, im sogenannten Nabel-Chakra, wo auch die Gebärmutter bei der Frau zu finden ist. Hier, in diesem Nabel-Chakra dürfen wir die Krippe bereiten für die Geburt des göttlichen Kindes in uns. Unser wahres, göttliches Ich möchte hier zur Erscheinung kommen, geboren werden.

Dies entspricht der Geburt der nathanischen Jesus-Seele und wird gefeiert am 24. Dezember. Der 6. Januar ist der Tag, der den drei Königen gewidmet ist. Dazwischen sind die 12 heiligen Nächte. In jeder Nacht bringt das göttliche Kind eine andere Gabe, entsprechend den kosmischen Tierkreiskräften in das Menscheninnere, die dann im darauf folgenden Jahr zur Erscheinung kommen wollen.

Eine Geburt ist wie ein Keim, der gepflegt und gehegt werden will, damit er wachsen und stark werden kann. So auch eine Geistgeburt. Das wahre Ich, der Gottesfunke in der Menschenseele will diese beschenken und verwandeln, damit die Hüllen des Menschen, der Astral-, der Äther- und der physische Leib mit den göttlichen Gaben imprägniert werden können. Wie die Hirten mit Ehrfurcht und Andacht dem Kinde begegnen und es lobpreisen, so soll auch die menschliche Seele in Demut, Reinheit und kindlicher Freude diesen Gotteskeim behüten. Daraus erwächst eine wahre Priesterschaft – in sich und dann auch in der Welt.

Mit zwölf Jahren im Leben des Jesus von Nazareth verbanden sich die nathanische und die salomonische Jesus-Seele, also die reine und die reife Gottheitskraft. Erst diese machte im weiteren die Einwohnung des Christus-Geistes bei der Taufe am Jordan möglich, derer wir ebenfalls am 6. Januar gedenken.

Der „Christus in uns" braucht also als Voraussetzung die Vereinigung von Menschen-Ich mit dem höheren Selbst zum höheren Ich beziehungsweise die Geburt des Selbst im Menschen-Ich und die Geburt des göttlichen Ichs in der Seele und im Lebensleib, um gemeinsam sich im Welten-Ich, in dem Christus-Ich sich finden zu können.

Eine Geburt aus Wasser und Geist (Nikodemus) und aus Feuer und Geist (Johannes) beziehungsweise aus lebendiger Seele und Geist und aus Ich und Geist, also aus zwei Geburten, erschafft den Menschen von Innen neu, damit er zum Träger des Christusgeistes, zum Christophorus werden kann.

In diesem Sinne können diese Gedanken nur eine kleine Anregung sein, damit sich die spirituellen Wege, der Weg der Könige und die religiösen Wege, der Weg der Hirten, ergänzen können, damit zusammen wächst, was letztendlich zusammengehört. Der alles befruchtende Christusgeist verbindet alle Wege und führt sie zusammen. Denn auch der große Gauthama Buddha war bei der Geburt im Stall als engelhaftes Wesen, der den Hirten kündet, zugegen und der Stern, dem die Könige folgten, da leuchtet der Heilige Geist in ihnen auf, inspirierend und weisend. Und dies bis in unsere Tage hinein.

Diese Gedanken sollen in einem nächsten Kapitel noch einmal aufgegriffen und ausgebaut werden, so dass es mit dem hier Dargestellten erst einmal genügen muss.

Leben aus der Kraft des Geistes

Der christliche Jahreslauf offenbart ein kosmisches Geschehen, einen umfassenden religiösen Kultus, durch den die Menschenseele geführt und getragen werden kann, wenn sie sich miterlebend in ihn hineinstellen will.

Das christliche Jahr beginnt im Advent, der Zeit der Erwartung und Vorbereitung auf das Weihnachtsfest. Zuvor sollte im Herbst, in der Michaeli-Zeit beginnend, der bewusste Kontakt beziehungsweise die Auseinandersetzung mit den Kräften des Lichtes, aber auch mit denen der finsteren, niederziehenden Kräfte vollzogen worden sein. Wenn die dunkle Jahreszeit beginnt, ist es umso wichtiger, sich auch nach Innen zu wenden, zu den Kräften des Herzens, mit denen unser Denken und Handeln durchwärmt und geläutert werden kann. Im Totenmonat November soll das Menschen-Ich lernen, beiseite treten zu können, damit Raum für Höheres, zum Beispiel für und mit den Verstorbenen, geschaffen werden kann. Und in der Adventszeit, ja da kann uns der Engel erscheinen, wie bei Maria, um ihr die frohe Botschaft zu verkünden.

Seinen Genius, seinen Engel muss der Mensch einladen, dann kann dieser immer stärker in seiner Aura zu wirken beginnen. Der Engel begleitet die Seele von Inkarnation zu Inkarnation und auch im biographischen Leben auf einem religiös-geistigen Weg, bis es in einer „Weihe-Nacht" der Seele zu einer Geist-Geburt gereichen kann.

Christus selbst weist im Nikodemus Nachtgespräch auf das Ereignis der Neugeburt hin:

„Wer nicht die Neugeburt erfährt aus des Wassers Bildekraft und aus dem wehenden Hauch des Geistes, kann keinen Zugang finden zum Reiche Gottes. Was aus dem Erdelement geboren wird, ist selbst nur irdischer Natur, was aber aus dem Atem des Geistes geboren wird, ist selber wehender Geist" (Joh, 3 – Übersetzung von Emil Bock).

Des Wassers Bildekraft, das ist der ätherische Strom, der vom durchchristeten Herzen nach oben steigt und dort vom lebendigen, heiligen Geist befruchtet werden kann. Also kommen hier die Herzströme der Seele und das geistige Selbst des Menschen beziehungsweise der Heilige Geist zusammen.

Der Täufer Johannes weist in Johannes 2 ebenfalls auf das Geschehen der Taufe hin: „Ich taufe mit Wasser. Aber schon ist in eurer Mitte der, den ihr nicht kennt, der nach mir kommt und doch vor mir gewesen ist. Er wird euch mit dem heiligen Geiste und mit Feuer taufen ..."

In der Taufe des Christus mit Feuer und Geist begegnet sich das wahre menschliche Ich, das Sonnen-Ich, das „Ich bin" und der wahre Mensch, des Menschen höheres Selbst.

Wasser ist die irdische Entsprechung für das Lebendige, für das Leben des göttlichen Vaters. Der Geist weist hin auf das Licht des Heiligen Geistes. Im Feuer offenbart sich die Liebe des Christus im Menschen-Ich.

So lassen sich folglich zwei Geburten des inneren Seins finden.

1. Die Neugeburt beziehungsweise die Taufe mit Leben und mit

Geist, wie sie im Nikodemus Gespräch geschildert ist, bei der sich das göttliche Leben mit dem höheren Selbst, das Leben des Vaters mit dem Licht des Geistes im Menschen zum wahren, göttlichen Ich vereint.

Urbildlich wird diese Geburt am 24. Dezember, am Heiligen Abend, in der heiligen Nacht gefeiert, wo die nathanische Seele im Stall von Bethlehem zwischen Ochs und Esel auf die Erde kam. Die einfachen Hirten auf dem Felde wurden gerufen, dahin zu eilen. Dieses Ereignis wird im Lukas-Evangelium beschrieben.

Die Hirten weisen hin auf den priesterlichen Weg. In Bescheidenheit, Demut und Herzens-Reinheit soll die Krippe im Stall gefunden werden. Der Ochs deutet hin auf die triebhaften Kräfte des unteren Menschen, der Esel auf die egozentrischen Kräfte im Bereich der Persönlichkeit, die ihren Sitz im Solar Plexus Gebiet innehat. Der Stall ist Bild für den Körper. Die Krippe befindet sich also im Bereich um den Nabel, da wo die Gebärmutter der Frau liegt. Hier soll die Geburt des göttlichen Ich im Menschen in der Weihnachtsnacht vonstatten gehen.

Die Taufe des Christus mit Feuer und Geist, also mit Liebe und Licht in der Seele, im Ich des Menschen, verweist urbildlich auf die Geburt des salomonischen Jesus-Kindes, wie sie im Matthäus-Evangelium beschrieben wird. Dahin pilgern die drei heiligen Könige. Sie bringen Weihrauch – die religiöse Hingabe im Scheitel-Zentrum, Gold – die Weisheit des Stirn-Chakras und Myrrhe – die Heil- und Willenskraft des Hals-Chakras mit.

Die eigentliche Geburt findet aber im Herzen statt. Hier begegnen sich das menschliche Ich, das Sonnen-Ich, das „Ich bin" und das hohe Selbst. Hier geschieht die Vereinigung von Ich und Selbst im Christus-Ich als höheres Ich in der Menschenseele. Dies zeigt den Königsweg, den die Kainiten, die Gestalter der Welt, beschreiten wollen, während die Abeliten, die Hirten und Priester, den Weg durch die heiligen Nächte wagen, vom 24. Dezember an beginnend. In diesen Nächten soll sich die Seele von den göttlichen Gaben beschenken lassen.

Der 6. Januar bedeutet dann als Ende und Höhepunkt der Weihnachtszeit die Geburt des höheren Ich im Menschen, so wie dieser Tag auch dem Gedenken an die heiligen drei Könige gewidmet ist und im orthodoxen Christentum als eigentliches Weihnachtsfest gefeiert wird. Zudem wird an diesem Tag der Taufe des 30-jährigen Jesus im Jordan gedacht, wo der Christus-Geist in den Menschen Jesus eingezogen war.

In analoger Weise können wir dann sagen, wenn am Heilig Abend das göttliche Ich im Seelenschoß des Menschen geboren wird und es in den zwölf heiligen Nächten immer tiefer und erhabener die Hüllen des Menschen mit göttlichen Gaben beschenkt und in der dreizehnten Nacht das höhere Ich, das Selbst im Menschenherzen erwacht, ja, dann kann auch der Christus in uns, in diesem höheren Ich zugegen sein. Gott und Mensch, das Höhere, der Geist und das Niedere, die Seele, das Menschen-Ich, sie kommen zur Erscheinung, das ist Epiphanias, die Erscheinung des göttlichen Lichtes im Menschenreich.

Mit diesem Licht beginnt der jährliche Aufstieg in das neue Jahr hinein. Doch dieses Licht stirbt auch immer wieder in das allzu Irdische hinein, so wie dies urbildlich in der Passionszeit aufgezeigt ist. Der Mensch muss den Weg vom alten Adam zum neuen Adam, der die niederen Hüllen, den physischen, den ätherischen und den astralischen Leib wandeln und veredeln soll, immer wieder gehen - bis der neue Adam immer stärker und reicher die österliche Auferstehungskraft, den Keim des vergöttlichten Menschen in sich erleben kann. Damit und dazu muss sich in der darauffolgenden Himmelfahrts- und Pfingstzeit die Menschen-Seele öffnen und weiten können, so dass sie sich immer stärker vom Kosmos, vom Reich des Himmels befruchten lassen kann.

Und im Herbst muss sie diesen gewachsenen Keim, diesen Samen, diesen geistigen „Embryo" durchtragen lernen, damit er an Weihnachten im Menschen-Ich geboren werden kann. Jedes Jahr ein bisschen mehr, ein Stückchen tiefer, reicher, heller.

So kann uns der christliche Jahreslauf mit seinen himmlischen

Gaben beschenken, damit wir diese weiterleiten, dahin, wo Not und Armut ist.

Der Christus-Geist befruchtet die Erde so, dass es immer einen Ausgleich gibt im großen Ganzen. Denn auf der Südhalbkugel der Erde kehren sich die Verhältnisse um. Wenn bei uns zur Winterzeit das innere Licht erwachen soll, sind die Menschen auf der anderen Seite der Erde der äußeren Sonne hingegeben und umgekehrt.

Eine Menschheit, eine Ganzheit zu erfahren bedingt also auch, dass wir uns immer auch noch in die polare Seite eindenken lernen. Das ist eine gute meditative Übung.

Der Christus bringt immer die polaren Kräfte zusammen, seien es Priester und Könige, Abeliten und Kainiten, Weibliches und Männliches, Lichtes und Dunkles, Geist und Leib, Himmlisches und Irdisches. In Christus können wir die Ganzheit erfahren von Seele und Leib, von Ich und Welt, von göttlichem und irdischem Ich, denn Christus ist das Ich, in dem alle Iche urständen. Daraus können wir unser geistiges Leben, die Kraft des göttlichen Geistes für unser irdisches Leben erhalten.

Geheimnisse der Weihnachtszeit

Bei längerer und tieferer Beschäftigung mit dem Thema Weihnachten können sich verschiedene Ebenen dieses alljährlich stattfindenden Weihnachtsfestes offenbaren. Es sind folglich mehrere Geheimnisse, Mysterien darin verborgen. Hier folgt zunächst ein Überblick über die Ausdrucksweisen, wie sich das Weihnachtsgeschehen zeigen und offenbaren kann:
- die traditionelle Weihnacht
- die historische Weihnacht
- Weihnachten im christlichen Jahreslauf
- die Weihe-Nacht in der menschlichen Seele
- Weihnachten als kosmischer Kultus

Natürlich können diese Themen hier nicht umfassend, nur als kurze Anregungen wiedergegeben werden. Zudem sind hier einige Wiederholungen aus den vorigen Kapiteln enthalten, die zum besseren Verständnis und als Zusammenfassung nochmals beschrieben werden.

Heutzutage ist vor allem das Weihnachtsfest als gesellschaftliche Tradition bekannt. Da tauchen Weihnachtssüßigkeiten schon im Herbst in den Regalen auf, der Konsum und Kommerz beherrscht die eigentliche Vorbereitungszeit. Weihnachtsmärkte, Glühwein und die ewig gleichen Lieder, Tannenbäume, ein gutes Essen an den Festtagen in der Familie, mit Freunden oder mit Verwandten, eventuell noch ein Kirchgang und ein „Hoch" auf die Familie, auf die kleinen Kinder, die immer noch mit Spannung das „Christkind" beziehungsweise die Geschenke herbeisehnen. Vieles ist so leider in äußeren Formen erstarrt.

Trotz äußerem Trubel und immenser Einkaufshektik kann man aber immer auch noch etwas von der geistigen Kraft dieser Festeszeit erspüren – dem Fest der Liebe, dem Fest des Friedens und dem Fest des Kindes. Eine große Spendenbereitschaft, manch stimmungsvolle Reden unserer Politiker oder seitens kirchlicher Würdenträger, wollen etwas vom Guten im Menschen ansprechen. Die Weihnachtsbotschaft berührt die Seelen, wenn auch deren Umsetzung im Alltäglichen und in der Politik nicht recht gelingen mag.

Oftmals sind wir in dieser Vorweihnachtszeit besonders gereizt, schwermütig oder man flüchtet sich in Ablenkungen hinein. Jedoch, das Jahr, die Winterzeit ohne dieses Weihnachtsfest, es wäre doch etwas öde, schal und leer, zumindest in unseren Breitengraden.

Was ist nun das Geheimnis, das Mysterium von Weihnachten? Sicherlich gedenken wir der Geburt des Jesus-Kindes im Stall zu Bethlehem. Ist das historische Ereignis, das Andenken daran aber schon alles? Oder spielt sich auch noch in unseren Tagen ein geistiges Ereignis in dieser Weihnachtszeit ab?

Die Weihnachtsverkündigung der Engel an uns Menschen lautet: Geoffenbaret sei Gott in den Höhen und Friede auf Erden den Menschen, die eines guten Willens sind". Was besagt diese Botschaft nun für uns?

In die Höhen, zu Gott kommen wir meist nicht so leicht, Frieden auf Erden wollen wir sicher gerne haben, doch so leicht ist dieser nicht immer umsetzbar. Und wie steht es mit dem guten Willen? Ist dies ein Aufruf zur Moralität, zum Gut sein?

Auf jeden Fall können wir den guten Willen nur selbst erringen. Niemand anderes kann diesen guten Willen für uns haben. Also, wo müssen wir ansetzen, um diesen guten Willen finden und ergreifen zu können? Vielleicht kann uns ja das Weihnachtsgeschehen helfen, diesen guten Willen zu finden.

Wenn Weihnachten nicht nur eine Erinnerung an ein einmaliges historisches Ereignis sein soll, wenn sich die Weihenacht, also auch eine Erneuerung, eine „Geburt" jedes Jahr wiederholen soll für das Erdenwesen oder wenn sich eine seelische Neugeburt im Menschen vollziehen soll beziehungsweise auch die Geburt des himmlischen Kindes in uns, muss einem solchen Ereignis, muss einer solchen Geburt eine Zeugung und eine Schwangerschaft vorausgehen. Wenn ja, wann und wie findet diese im Menschen statt?

Der christliche Jahreslauf als ein kultisches Geschehen kann hier etwas Aufschluss bieten. Willenskräfte sind Zukunfts-, sind Kindheitskräfte. Ein Lebenswille bringt die Seelen zur Geburt, zu einer neuen Inkarnation auf die Erde herab.

Der gute Wille aus der Weihnachtsbotschaft ist der Auferstehungswille der Inkarnierten, der Lebenden, ja er ist die Auferstehungskraft. Sie wurde in der historischen Osterzeit für alle Menschen Wirklichkeit. Dieser Auferstehungswille ist, wie überhaupt jeder Wille, unbewusst im Menschen als Potenz, als Keimkraft vorhanden. Dieser Wille, dieses innere Streben, verbindet sich in der Sommerzeit mit dem weiten All und empfängt dort, heute meist noch unbewusst, die Offenbarungen der Höhen – eine geistige Empfängnis kann geschehen.

Dabei sind verschiedene Stationen zu durchlaufen. Ostern: die Zeugung, die Auferstehung des göttlichen, des guten Willen im Menschen. Himmelfahrt: das seelische, willentliche Streben zum Geist des Himmels. Pfingsten: Christlicher Wille im Menschen und kosmischer Geist vermählen sich. „Shiva und Shakti", die Vaterkraft und der Heilige Geist im Menschen – daraus bildet sich das göttliche Kind im Seelenraum. Im Sommer geschieht das seelische Wachsen und Reifen der inneren Frucht, entsprechend einer beginnenden, mittleren Schwangerschaftszeit. Im Herbst, wenn sich die sommerliche Frucht der kalten Erde zuneigt, muss sich das menschliche Ich mit den Finsternis- und Dunkelkräften auseinandersetzen. Was können wir ichhaft durchtragen von den sommerlichen Gaben bis in die kalte Winterzeit hinein?

Der Erzengel Michael hilft, diese Reifezeit, diese „Schwangerschaft" durchzustehen. Der Drache will ja das Geisteskind verschlingen, so wie dies in der Apokalypse des Johannes geschildert wird.

Im November, in der Skorpionzeit, muss sich die Seele reinigen, das Tierhafte veredeln; die Totenzeit fordert zur inneren Umkehr, auch das alte Jahr muss allmählich losgelassen werden. Selbst in der Schwangerschaft wird vieles zunehmend beschwerlicher. Der Mensch muss lernen, beiseite zu treten, Platz schaffen, nur noch für das „Kind" da sein, das zur Geburt kommen will.

Ein neues christliches Jahr beginnt im Advent – der Zeit der Ankunft und Erwartung. Ein Engel erscheint Maria, der Seele und verkündet ihr die nahe Geburt. Die vier Wochen des Advents dienen der Vorbereitung – der Engel hilft. „Siehe, ich bin deine Magd, mir geschehe nach deinem Wort". Eine selbstlose Hingabe an die Kräfte, die zur Geburt, die zur Offenbarung kommen wollen, ist verlangt. Da haben es viele Menschen heute noch schwer, zu sehr sind wir mit unserem Ego auf uns selbst hin fixiert. Jedoch, bei einer bevorstehenden Geburt ist alles auf die Zukunft, auf dieses besondere Ereignis beziehungsweise in analoger Weise auch auf die Weihnachtszeit ausgerichtet; so sollte es zumindest sein.

Das Weihnachtsfest zeigt urbildlich die Geburt des göttlichen Kindes im Menschenreich. Die Weihenächte sind folglich für alle Menschen da, die eines guten Willens sind, die sich also mit dem Göttlichen so verbinden wollen, damit dieses in ihnen zur Geburt kommen kann. Die Wiedergeburt im Geiste, wie sie auch in vorchristlicher Zeit in alten Einweihungsriten, jedoch in unterschiedlicher Weise vollzogen wurden, wird im Johannes-Evangelium an zwei Stellen als eine Taufe beziehungsweise als eine Geistgeburt angesprochen, so wie sie für uns als erwachsene Menschen nachvollziehbar sind. Ich bringe hier noch einmal Ausschnitte der entsprechenden Textstellen:

1. Johannes spricht: „Ich taufe mit Wasser. Aber schon ist in eurer Mitte der, den ihr nicht kennt, der nach mir kommt und doch vor mir gewesen ist. Er wird euch mit dem heiligen Geiste und mit Feuer taufen …" (Joh 1, 26)

2. Jesus antwortete: „Ja, ich sage dir: Wer nicht die Neugeburt erfährt aus des Wassers Bildekraft und aus dem wehenden Hauch des Geistes, kann keinen Zugang finden zum Reiche Gottes. Was aus dem Erden-Element geboren wird, ist selbst nur irdischer Natur; was aber aus dem Atem des Geistes geboren

wird, ist selber wehender Geist ... (Joh. 3, 5 Nikodemus Nacht-gespräch).

Sind das nun zwei verschiedene Taufen? Diese Frage hatten wir im vorigen Kapitel schon einmal anklingen lassen. Jetzt wollen wir uns zunächst den Evangelien-Berichten zum Geburtsereignis zuwenden. Da finden wir erstaunlicherweise auch zwei ver-schiedene Erzählungen:

1. im Lukas-Evangelium – da ziehen Maria und Joseph wegen einer Zählung nach Bethlehem, finden keine Herberge, nur einen Stall, wo das Jesus-Kind zwischen Ochs und Esel geboren wird. So ist uns diese Geschichte zumindest überliefert, obgleich im Lukas-Evangelium selbst nicht von Ochs und Esel geschrieben ist. Trotzdem ist dieses innere Bild, das jeder Christ in seiner Seele trägt, ein Wahrbild für das Weihnachtsgeschehen. Den Hirten auf dem Feld erscheint ein Engelwesen, das ihnen die frohe Botschaft verkündet.

Hier sehen wir das Urbild für die Neugeburt im Menschen, das Geisteskind wird geboren. Diese Geburt feiern wir am 24. De-zember, also in der Nacht zum 25. Dezember.

2. im Matthäus-Evangelium – die Geburt findet in einem Haus statt. Die drei heiligen Könige folgen einem Stern bis sie zum Kinde finden. Die Begegnung mit Herodes, dem dunklen Herrscher, der das Kind töten lassen will, ist vorher aber an-gesagt. Dann erst können sie das Kind schauen und mit ihren Gaben beschenken. Danach muss die heilige Familie nach Ägypten fliehen, wo noch die alten Mysterien gepflegt wurden.

Der Dreikönigstag ist der 6. Januar. An diesem Tag gedenken wir auch der Taufe des Christus im Jordan.

Wenn man zu den Geburtsberichten noch die Stammbäume ver-gleicht, die ebenfalls verschieden sind, darf man annehmen, dass hier zwei verschiedene Geburtsereignisse beschrieben werden, so wie dies die Geisteswissenschaft auch bestätigen kann.

Hier möchte ich nun die Konsequenzen für einen inneren Weg aufzeigen, der sich aus der Tatsache der zwei Geburten ergibt. Wie und wo vollziehen sich diese im Menschen selbst, denn der

Ausspruch des Angelus Silesius sollte sich ja auch verwirklichen lassen: „Und wäre Christus tausendmal in Bethlehem geboren und nicht in dir, so bliebst du doch verloren".

So will ich hier, nur mehr zusammenfassend darstellen, was sich aus der Beschäftigung mit dem Weihnachtsthema ergeben kann. Doch ist dies sicherlich bei weitem noch nicht abgeschlossen. Für eine besinnliche Betrachtung mögen die folgenden Überlegungen jedoch genügen und hilfreich sein.

- Die Geburt des sogenannten salomonischen Jesusknaben war die Geburt einer sehr reifen Seele, des Zarathustra; so schildert es Rudolf Steiner. Zu ihr kamen die drei Könige. Sie wird am 6. Januar, vor allem auch im orthodoxen Christentum, gefeiert. Entsprechend vollzieht sich die Geburt des höheren Selbst beziehungsweise des höheren Ich im Menschen. Dieser sogenannte Königsweg der Ich-Reifung hin zum hohen Selbst, wenn die Könige, die Ich-Menschen dem Stern, den Idealen und Eingebungen folgen und ihre Gaben (Weihrauch, Gold und Myrrhe) darbringen, zeigt entsprechend die Wege der Mystik (Weihrauch – die Hingabe), der Gnosis (Gold – die Weisheit) und der Magie (Myrrhe – der Opferwille), wie sie die drei Könige als Repräsentanten der urindischen, der urpersischen und der alt-äyptischen Epoche dem „reifen" Jesus-Kinde darbrachten. Dieser Ich-Weg baut vor allem auf eine innere Schulung und Meditation.

Der salomonische Jesus opferte sich bei der Taufe im Jordan (am 6. Januar), damit der Christus an dessen Stelle in den Jesus von Nazareth einziehen konnte. Die Christgeburt vollzieht sich urbildlich also am 6. Januar. Doch sie will und kann sich auch in jeder reifen, reinen und liebevollen Seele ereignen. Im Herzen will der Christus in uns Wohnung nehmen, zur Geburt kommen.

- Die Geburt des wahren, des göttlichen Ich, des Gottesfunken, des göttlichen Kindes in der Seele, dafür steht der 24./25. Dezember. Die sogenannte nathanische Jesus-Seele ist das reine Urbild der menschlichen Seele; sie war vorher noch nie verkörpert, noch nie in einem physischen Leib inkarniert. Die einfältigen Hirten finden den Weg zu diesem Kind.

Welche Qualitäten zeigen die Hirten, damit sie würdig sind, dem Kind zu begegnen? Reine und kindliche Kräfte sind es, die sich einfache Hirten und sogenannte „Naturmenschen" leichter erwerben und bewahren können.

So gilt es auch für uns heutige Menschen, die Kindheitskräfte in sich wieder entdecken, entwickeln, heilen und bewahren zu lernen. Was ist das Kindliche, das reine, gesunde und heile Kind?

Meist ist das innere Kind in uns verdeckt, oftmals geschändet oder es wird nicht ganz für voll genommen. So ist es dringlich, in sich einen Raum zu schaffen, wo das innere Kind sein und leben kann. Dies geschieht im Menschen im Bauchraum, eine Art seelische Gebärmutter kann sich ausbilden. Da dürfen wir hineinspüren, viel Liebe hineinschicken, damit etwas geboren werden kann, so wie dies Rudolf Steiner in seinem Seelenkalender für die Weihnachtswoche ausgedrückt hat, daraus ich hier die erste Zeile anführe:

„Ich fühle wie entzaubert, das Geisteskind im Seelenschoß ..."

Es ist eben ein spirituelles Gesetz, dass sich Gleiches anzieht: Geist zu Geist, Licht zu Licht, Kind zu Kind ... Das Menschenkind und das Gotteskind beziehungsweise der Gottesfunke müssen zusammenkommen, sie sollen sich verbinden, vereinen, denn sie bedingen sich. Dazu ist vorab eine Heilung des inneren Kindes nötig, innere Reinheit und Liebe sind anzustreben, dann kann sich eine Geburt im Bauchraum, im Seelenschoß ereignen.

Dies wird erstrebt auf dem Hirtenweg. Hirten sind als Berufe die Erzieher, Lehrer, Pfleger, Ärzte, Landwirte und Priester. Dabei geht es vor allem um eine Läuterung des Niederen, des Tierischen in sich. Die kindlich reine Seele soll sich auf dem religiösen Weg entwickeln beziehungsweise frei werden.

Vor dem Tempelbesuch des zwölfjährigen Jesus verband sich jedoch, nach geisteswissenschaftlicher Aussage, die Seele des salomonischen Jesus mit der nathanischen Seele. Somit verband sich auch der Hirtenweg der religiösen Hingabe und Reinheit mit dem Königsweg der spirituellen und meditativen Schulung. Analog hierzu muss auch das innere Kind und das reife

Erwachsenen-Ich im Menschen zusammenkommen, also auch die Liebe und die Weisheit. Erst dann kann der Christusgeist im Menschen Einzug halten, so wie dies urbildlich beim 30-jährigen Jesus bei der Taufe im Jordan geschehen ist.

Konsequenterweise heißt das, dass der Mensch sein Erwachsenen-Ich und sein inneres Kind zusammenbringen muss. Eine Heilung des inneren Kindes und des Erwachsenen soll erfolgen. Eine Selbstbeobachtung ist verlangt – wer dominiert, wer gibt die Richtung im Leben vor? Da liegen meist noch große Hürden vor uns. Soll das Kind nur getrimmt werden, damit es später einen „guten" Erwachsenen abgeben kann oder hat es vielleicht eigene Komponenten, Kräfte und Möglichkeiten?

Wenn man nur einmal die ersten Lebensjahre betrachtet, wo das Kind gehen, sprechen und denken lernt, so erkennt man, dass hier Kräfte wirken, die später nicht mehr so leicht zu finden sind. Was sind das für Kräfte, woher kommen sie und können wir an diese Kräfte heute noch anschließen?

„Und so ihr nicht werdet wie die Kinder, könnt ihr nicht in das Himmelreich gelangen".

Wie schön ist es, wenn sich ein Kind noch begeistern kann, mit leuchtenden Augen auf Weihnachten zugeht, offen spontan, unbefangen und liebevoll der Welt „gegenübersteht", sie ganz in sich aufnehmen kann, sich mit ihr ganz verbinden, vereinen kann. Aber auch der Erwachsene kann so an sich arbeiten, dass er zum Hirten, zum Hüter und Pfleger und zum König, zum reifen und weisheitsvollen Menschen heranreifen kann.

Ein Ur-Konflikt durchzieht die gesamte Menschheitsgeschichte zwischen verschiedenen Polaritäten, so wie ich dies zusammenfassend hier nur noch stichwortartig aufzeigen will:

Kain, der Gestalter – der König (Ich-Weg), Johannes der Täufer: Geburt aus Feuer (Ich) und Geist (Logos) = 6. Januar
Die Weisheit der Könige überwindet den Materialismus.

Abel, der Hirte – der Priester, Nikodemus: Geburt aus Wasser (Seele) und Geist (Logos) = 24. Dezember
Die Liebe der Hirten überwindet den Egoismus.

Eine Vermählung dieser Polaritäten geschieht durch und in Christus. Zwei Geburten beziehungsweise „Taufen" können sich folglich in der Weihnachtszeit ereignen. Die Geburt des göttlichen Ichs und die Geburt beziehungsweise die Einwohnung des hohen Selbst; sie taufen uns mit göttlichem und kosmischem Geist. Sehr weit kann uns also die Weihnachtszeit führen, von Jahr zu Jahr wachsend, nicht auf einmal, das würden wir nicht aushalten, aber immer wieder ein „Stückchen" mehr. Die christlichen Jahresfeste gleichen einem kultischen Geschehen, sie sind besondere Zeiten, in denen besonders starke Kräfte wirken, daher auch manchmal das Aufrüttelnde und Katastrophenhafte, das sich darin ereignen kann.

In der Stille, in der Hingabe, in der Einfalt und in der kindlichen Erwartung, wie sie sich urbildlich im Lukas-Evangelium bei den Hirten zeigt, aber auch im Licht der Weisheit und in einem Liebe-Opfer, wie dies die Könige offenbaren, wenn wir also bereit werden, von unseren Gaben, unseren Fähigkeiten anderen zu schenken, ja, dann können sich die Weihenächte enthüllen.

Advent ist die Zeit der Vorbereitung – bis zum Heiligen Abend, dem Adam und Eva Tag, dem Gedenken an das Paradies, an die paradiesische Reinheit und Kindlichkeit, die der Mensch damals noch innehatte. Vom 24. Dezember bis zum 6. Januar folgen die dreizehn heiligen Nächte. Dann erst vollendet sich die Weihnachtszeit. In jeder dieser Nächte ergießt sich ein kosmischer Aspekt in die Menschenseele, aber auch in das Erdenwesen hinein, vom Tierkreiszeichen der Fische bis zum Widder, worin ein Seelenweg beschritten werden kann vom Menschen über die neun Hierarchien bis zum göttlichen Weltengrund. Nur geschieht dies des Nachts, wo wir meist noch kein Bewusstsein dafür haben; in manchen Träumen kann aber doch etwas daraus erahnt werden. In diesen heiligen Nächten, die abends ab 18°° Uhr beginnen, wirken reine Sonnenkräfte. Dadurch können die kosmischen Sternenkräfte übermittelt werden, bis in unsere Seele hinein. Ich zähle hier die Nächte auf, beginnend um 18°° Uhr am 24. Dezember:

24./25. Dezember: Fische – der Mensch
25./26. Dezember: Wassermann – der Engel
26./27. Dezember: Steinbock – der Erzengel
27./28. Dezember: Schütze – Archai, Geister der Persönlichkeit
28./29. Dezember: Skorpion – Exusiai, Geister der Form
29./30. Dezember: Waage – Dynameis, Geister der Bewegung
30./31. Dezember: Jungfrau – Kyriotetes, Geister der Weisheit
31./1. Januar: Löwe – Throne, Geister des Willens
1./2. Januar: Krebs – Cherubime, Geister der Harmonie
2./3. Januar: Zwillinge – Seraphine, Geister der Liebe
3./4. Januar: Stier – Heiliger Geist
4./5. Januar: Widder – Sohn
5./6. Januar: Vater – hier wird alles zusammengefasst. Geburt der Kräfte des göttlichen Ich, des Christus in uns.

Der Unterschied zwischen zwölf Monden-Umläufen und einem Sonnenjahr macht die zwölf bis dreizehn Tage aus, die wir zwischen den Jahren als besonderes Zeitgeschehen erleben dürfen und in denen die kosmischen Keime gelegt werden für das kommende Jahr.

Ein kosmischer Kultus ereignet sich. Reine Sonnen-Geisteskräfte ziehen in die Erde ein. Die Erde ist selbst die Mutter, in ihr will sich eine Christgeburt ereignen. Damit kann sie selbst einmal eine Sonne werden.

In der Äthersphäre der Erde ist diese Sonnengabe des Christusgeistes seit dem Jahre 1933 sichtbar geworden und von da an stetig wachsend. Das bezeugen Veränderungen der Erd-Aura und zahlreiche Begegnungen mit dem wiederkommenden Christuswesen in einer Engelsgestalt, im Vidar, den wir aus der nordischen Mythologie kennen. Er hat die Kraft, den Fenriswolf, den Geist, der sich an alte, magische Kräfte, an ein falsches Hellsehen und illusionäre Utopien wendet, wie sie heute die Welt mit Filmen, Computerspielen, elektronischen Medien und atavistisch-mediumistischen „Channelings" verführen wollen. Doch die Sonnenkraft der Erde, die Kindheitskraft einer neuen Sonne, die Kraft des unverbrauchten kosmischen Lebens, sie ist da und sie will wahrgenommen werden. Dies ist unsere heutige Weihnachtshoffnung – die frohe Botschaft, die Zukunft schenkt. Doch Licht ist auf der Erde immer auch mit Schatten verbunden. So gehören die Mächte, die den Menschen an selbstsüchtiges und materialistisches Streben fesseln wollen, einfach mit dazu. Ja, selbst auf der Erde findet sich eine Polarität. Auf der Nordhalbkugel ist die Erde zur Weihnachtszeit winterlich kahl und nackt und damit jungfräulich offen für das weite Sternen-All. Im Süden hat die Erde ausgeatmet, da ist sie ganz in der Wärme an den Kosmos hingegeben. Das heißt aber auch hier: der Christus-Geist bringt die Gegensätze zusammen, da ja auch auf der Südhalbkugel Weihnachten gefeiert wird.

Christus ist überall – im weiten Kosmos und im Kern der Erde. Er strebt immer zur Ganzheit hin. Seine Liebe ist die Kraft, die alles verbinden kann: Nord und Süd, Innen und Außen, Kain und Abel, Hirte und König, Kind und Erwachsener, Mann und Frau, Geist und Materie, Mensch und Gott, Ich und All.

Bis dahin kann das Mysterium der Weihenächte gereichen – steig wachsend, in wachsenden Ringen, von Jahr zu Jahr mehr und mehr.

„Ich fühle wie entzaubert das Geisteskind im Seelenschoß,
es hat in Herzenshelligkeit gezeugt das heilige Weltenwort
der Hoffnung Himmelsfreucht,
die jubelnd wächst in Weltenfernen
aus meines Wesens Gottesgrund".

Auch hier ist die Polarität der Weltenferne mit dem Wesensgrund zusammengefasst. Damit ist für uns eine große Hoffnung verbunden, so wie diese auch im Grundsteinspruch von Rudolf Steiner der Menschheit übergeben wurde, mit dem ich diese hier dargelegten Gedanken beschließe.

„In der Zeitenwende trat das Welten-Geisteslicht
in den irdischen Wesensstrom -
Nachtdunkel hatte ausgewaltet,
taghelles Licht erstrahlte in den Menschenseelen.

Licht, das erwärmet die armen Hirtenherzen,
Licht, das erleuchtet die weisen Königshäupter.
Göttliches Licht, Christus-Sonne
Erwärme unsere Herzen, erleuchte unsere Häupter,
dass gut werde, was wir aus Herzen gründen,
was wir aus Häuptern zielvoll führen wollen".

Zum Sonnenkind – den Kindern dieser Welt

Wenn man in unseren Tagen weltweit auf die Schicksale der
Kinder hinschaut, kann man sehr große Diskrepanzen feststel-
len. Zum einen herrscht in vielen Ländern eine enorme Armut,
wodurch viele Kinder durch Hunger und Mangelernährung ihr
Leben verlieren. Kinderarbeit, Kindersklaven, eine unmensch-
liche Ausbeutung der Kinder bis hin zur Kinderprostitution oder
wenn Kindersoldaten zum Töten erzogen werden oder wenn sie
durch Betteln und Stehlen für die Interessen der Erwachsenen
herhalten müssen, Beispiele für die Misshandlung von Kindern
gibt es leider sehr viele. Zum anderen werden in den reichen
Ländern viele Kinder sehr stark vom Konsum überschwemmt;
Übergewicht und Respektlosigkeit, mangelnde Dankbarkeit und
Verwöhntheit sind oftmals die Folgen. In der Freizeit werden
viele von den elektronischen Geräten wie magisch angezogen,
sie vergessen dabei die reale Welt. Es zählen meist nur noch die
Marken der Werbeindustrie und der Konzerne, das lebendige,
freie und kreative Spiel, das Unvoreingenommene, mit dem
noch kleine Kinder auf die Welt zugehen, wird dadurch sehr
bald, eigentlich zu früh korrumpiert.
Die Herodes-Macht aus der biblischen Geschichte, die gegen
das Kindliche agiert, sie wirkt folglich auch heute noch sehr
stark. So muss man die Erwachsenen fragen, ob sie ihr „Amt"

den Kindern gegenüber richtig ausführen. Sind sie gute Hirten, die ihren Nachwuchs behüten und beschützen und sind sie gute Könige, die die Kinder mit echten Gaben beschenken, also mit Weisheit, Güte und rechter Bindung, Nähe und Hingabe?

Sicherlich, Erziehung ist ein heikles Thema, denn keiner wird behaupten können, er hätte in der Erziehung seiner Kinder alles richtig gemacht. Zu sehr sind wir ja noch alle geprägt von den eigenen Eltern und deren Erziehungsmethoden.

Auch sind Kinder, wenn sie zur Welt kommen, kein reines Neutrum, das nur durch Erziehung und Umwelt zu dem gemacht werden kann, was dann später daraus hervorgehen soll. Man weiß ja heute, dass viele Eigenschaften und Muster schon im Mutterleib angelegt worden sind und natürlich bringt jedes Kind seine Schicksalsaufgaben, seine Talente, Mängel und Gebrechen als karmische Folgen aus früheren Leben mit. Dadurch ist das elterliche Erziehungsbemühen von vorneherein begrenzt, doch es ist nicht hoffnungslos. Durch eine gesunde, kindgemäße Erziehung kann viel ausgeglichen werden, vor allem durch eine lebensnahe, fördernde und am Kinde ausgerichtete Pädagogik, die helfen kann, ausgleichend und stärkend auf einseitige Charaktere einzugehen.

Bemühen wir uns, unser Dasein und unsere Erziehung kindgerecht zu gestalten, so hat das auch Auswirkungen auf uns selbst, auf unser Erwachsensein, denn wie in vorigen Kapiteln beschrieben, lebt auch in uns das „Kind", der kindliche Teil in uns, der zur Ganzheit des Menschen einfach dazu gehört.

Nicht nur Körper und Leben, die Seele aus männlichen und weiblichen Anteilen, also aus Animus und Anima, sein geistiges und kognitives Vermögen wie Bildung und Intelligenz machen den Menschen aus, sondern auch sein höheres Menschsein, sein ursprüngliches spirituelles Sein, das viele schon vergessen haben und das wir über das innere Kind wieder finden können. Daher ist es so wichtig, dieses innere, reine, lebendige Kind zu suchen, denn dieses ist mit dem Himmelreich verbunden, so wie dies die Christusworte ausdrücken: „Und so ihr nicht werdet wie die

Kinder, könnt ihr nicht in das Himmelreich gelangen".

So wollen wir uns im Folgenden auf die Suche nach diesem Kind aufmachen.

Wenn wir dieses finden wollen, müssen wir bereit sein, alles anzunehmen, was uns auf diesem Weg begegnet. Denn nicht gleich wird ein fröhliches und glückliches Kind erscheinen, denn unser Kind kann sich einsam, nicht beachtet, verlassen, frierend, abgelehnt, verletzt und misshandelt fühlen. Allein schon, wenn man Neugeborene nach der Geburt von der Mutter wegnimmt, um es medizinisch zu untersuchen, kann dies schon einen bedeutenden Eingriff in das frühkindliche Bedürfnis nach Bindung, Geborgenheit, Schutz, Nähe und Wärme bedeuten. Das Kind, es will umarmt und angenommen werden in seiner Schutzlosigkeit, in seiner Verletzlichkeit, in seiner Hilflosigkeit und Ohnmacht, in seinem Angewiesensein und in seiner Ängstlichkeit vor dem Unbekannten der irdischen Welt.

Ansonsten ist das Kind gezwungen, sich mit „Schutzmauern" zu umkleiden; es muss sich zurückziehen, es baut innere Abwehr-mechanismen, Hüllen auf, um sich dahinter verstecken zu können. Es schreit oder es zieht sich in den Schlaf zurück; viel mehr Möglichkeiten hat es nicht, sich selber schützen und arti-kulieren zu können.

So kann es auch bei uns Erwachsenen sein, dass sich unser Kind schon sehr früh in sich selbst zurückgezogen hat. Da braucht es nun sehr viel Geduld, um wieder Vertrauen beim „verwundeten" Kind wecken und entwickeln zu können. Wir müssen uns immer wieder zum Kind hinwenden, ihm Zuwendung schenken, unser eigenes Kindsein immer wieder anschauen, bis zurück in die „Krippenzeit" - vielleicht ersteht dann irgendwann auch in uns das reine Urbild, das göttliche Kind, das wir eben auch in unserem inneren Kinde suchen und entdecken können. Wir dürfen uns Zeit nehmen für das innere Kind, es sorgsam um-hegen und pflegen, wie mit einem echten Kleinkind auch, mit ihm kommunizieren, es liebkosen und lieben.

Das hört sich zunächst etwas phantastisch an, aber wenn sich diese Kindliche in uns, in unserer Seele allmählich entwickeln, wenn es gesund und fröhlich gedeihen kann, ja, dann bilden sich in unserem Seelensein selbst neue Kräfte aus. Wir bekommen mehr Mitgefühl mit allem Lebenden und Leidenden und wir bekommen einen gesunden Sinn für die seelische Reinheit und Liebe.

Das innere Kind wächst in uns heran, es beschenkt uns mit Gaben, wenn es groß, gesund, stark und aufrecht in uns werden kann. Wir bekommen durch dieses Kind, wenn es sich gut ausbilden kann mehr Lebenssicherheit, eine sonnenhafte Ehrlichkeit und Aufrichtigkeit, ein starkes Rückgrat, wenn dieses Kind, wenn diese Sonnenkraft in uns erblühen kann. Damit können wir erst wirklich auch im Äußeren gute Erzieher sein.

Dies wird möglich, wenn wir die Gaben des Kindes und dessen Möglichkeiten annehmen lernen. Im Kind dürfen wir also tiefe Lebensweisheiten entdecken. Wir können mit dieser Kindheitskraft zum Beispiel immer wieder neu anfangen, jeden Tag, das ganze Leben lang und wir dürfen immer auch wachsen und reifen, zumindest im Seelisch-Geistigen. Es ist niemals für etwas zu spät. Immer dürfen wir zur Entfaltung bringen, was irgendwo in uns brach liegt. Dies sollte für uns allmählich zu einer spirituellen Grundhaltung dem Leben gegenüber heranreifen.

Dabei ist das Staunenkönnen die erste Grundhaltung, die wir vom Kinde lernen können, dann das Offensein, das Lachen und Weinen, das Zeigen und Aussprechen von Bedürfnissen und das Verbundensein, das in Beziehung sein mit der Umwelt, der Natur und dem Leben selbst.

Wieder finden dieses Urvertrauen, das irgendwo in uns seine Quelle, seinen Ursprung hat. Den Weg dorthin können wir erreichen, wenn wir über uns selbst hinauswachsen, hin zu unserem Ursprung, wenn wir also bereit werden, in die Kindschaft Gottes einzutreten. Die Kinder Gottes sind die Kinder der Liebe, des Vertrauens, der Hoffnung, des Friedens und der Freude. Hier erst findet das innere Kind, das Sonnenkind seine Geborgenheit und Heimat.

Im Geist Gottes, im göttlichen Kern im Menschen, im großen Herzen, worin auch die Schwächen und Grenzen unseres Selbst und die der Anderen Raum haben, in diesem Geist, der nicht ablehnt und ausgrenzt, ist Versöhnung, ist Friede und ist Heilung möglich.

Dies ist aber auch der Raum, wo ich nicht fertig, perfekt und vollkommen sein muss, weil ich darin alles werden kann. Der werdende Mensch ist der, der immer wieder geboren wird, in dem Christus immer wieder zur Geburt kommen will. Dazu müssen wir immer wieder aufbrechen, die verhärteten Krusten unseres seelischen Seins auflösen, damit das innere Licht, die innere Sonne aufgehen kann. Immer wieder, jeden Tag neu. Dazu verhilft das Kind, das Kindprinzip in uns.

Widmen wir diesem mehr Achtung, Aufmerksamkeit und Liebe, und dies nicht nur an Weihnachten, wird es auch im Großen und Ganzen der Welt in einem menschlicheren Sinne weitergehen können – auch mit den Kindern dieser Welt, die noch vom herrschsüchtigen und egozentrischen „Herodes-Geist" unterdrückt und ausgebeutet werden. Dafür dürfen wir uns einsetzen und kämpfen – in uns und in der Welt.

Ein Nachwort

Zeit zur Umkehr. An jedem Punkt des Lebens ist dies möglich. Eine Zuwendung zum Christus-Geist kann sich aus freier Entscheidung immer ereignen, wenn auch bestimmte Jahresfeste Kulminationen darstellen, wo verstärkt Geisteskräfte einwirken. Dadurch kann es aber auch zu zahlreichen Turbulenzen kommen, da der lebendige Geist manch alte, nicht mehr zeitgemäße Kräfte, Dogmen und Einstellungen zum Wanken bringen kann. Dies reicht manchmal bis in die Naturkräfte und in zwischenmenschliche oder technische Katastrophen hinein.

Die Christuskraft lebt als Keim, als göttliche Potenz, als Gottesfunke in allen Menschenseelen und damit auch in den verschiedenen Religionen, in denen es Menschen gibt, die sich für den lebendigen Geist öffnen können. Bräuche, Rituale und Regeln stehen damit nicht mehr an erster Stelle.

Auch im Islam, der heute durch fanatische Auswüchse sehr in Misskredit geraten ist, kann der Gottesgeist leben, wenn offene Menschen in einem humanistischen Geist sich für diesen einsetzen. Dadurch kann die Religion nicht mehr so leicht als Machtinstrument missbraucht werden. Wo Menschen echte spirituelle Erlebnisse und Erfahrungen in ihrem Seelenleben aufweisen können, gibt es keine Differenzen zwischen den Religionen, denn die innerlich erlebte Wahrheit ist in allen Religionen als Zentrum, als Kern und als Quelle enthalten. Sie steht über den äußeren Formen und sollte diese gestalten, nicht umgekehrt. Das heißt mit anderen Worten auch, dass sich Formen und Dogmen mit der Zeit ändern sollten. Zum Beispiel sollten Frauen schon lange zum Priesterdienst zugelassen werden, denn die Entwicklung der Frau in neuerer Zeit zeigt ganz deutlich, dass sie in allen Feldern des Lebens fruchtbringend wirken und daher dem Mann ebenbürtig zur Seite stehen kann. In bestimmten Bereichen sind Frauen dem Männlichen sogar voraus, da sie in ihrem Seelenleben noch mehr Nähe zum Ganzheitlichen, zum

Natürlichen und zum Empfangenden haben können. Wer mit dem Göttlichen hadert oder es definieren möchte, so sollte Gott sein, diese Attribute muss er aufweisen oder mein Gott ist der einzig Wahre und andere glauben an einen falschen Gott oder das Göttliche passt überhaupt nicht mehr in unsere moderne Zeit und dergleichen mehr, dem seien die Worte des Apostels Johannes zugesprochen, denn diese drücken in einfachster Weise das Wesentliche des Göttlichen aus, an das sich jeder halten kann, als religiöser Mensch oder sogar als Atheist.

„Gott ist die Liebe und wer in der Liebe bleibt, der bleibt in Gott und Gott in ihm".

So einfach ist das mit Gott. Ist die Liebe dabei, zur Natur, zur Erde, zu den Mitmenschen und zur göttlich-geistigen Welt, so kann sie wachsen und reifen und letztendlich alles zum Guten hinlenken. Denn dann kann auch die göttliche Liebe in das Menschenwerk einziehen, sich mit der menschlichen Liebe einen.

Wenn man Liebe schenkt, dann vermehrt sie sich. Wieder so ein Paradoxon. In irdischen Dingen ist es ja gerade umgekehrt. Wenn man da etwas gibt, hat man weniger. Je mehr Liebe man aber gibt, um so mehr hat beziehungsweise bekommt man – und dies ohne Grenzen.

Weihnachten ist ja auch das Fest der Liebe, wo die Menschenliebe und die Gottesliebe zusammenkommen soll. In der Liebe zu allen Menschen, nicht nur innerhalb der eigenen Familie, im eigenen Volk oder in der eigenen Religion, mit denen wir uns schicksalhaft verbunden und gleichgesinnt fühlen, sondern, in dem wir jeden Menschen als „Verwandten", als Bruder und Schwester sehen lernen, vor Gott, vor dem Schöpfer allen Lebens, öffnet sich uns ein neues Sein, ein neues Leben. Da lösen sich in solcher Liebe viele Probleme wie von selbst auf, wie das Flüchtlingsproblem, der Hass zwischen Ethnien, Religionen und Kulturen oder zwischen den vielfältigsten Feinden auch im persönlichen Leben. Nur müssen wir uns zu dieser Liebe auch bekennen. Sie ist letztlich stärker als der Hass, der Neid, die Feindschaft und die Gier.

Doch das ist alles natürlich leichter gesagt als getan und letztlich ein langer Prozess. Zu sehr sind wir meist noch an persönliche Wertmaßstäbe und Eigenheiten gebunden.

Eine Hilfe auf diesem Weg zum „großen Wir", zur „großen Liebe" und damit zur Überwindung des Egoismus, kann die Besinnung auf den Kern unseres Menschseins bringen. Natürlich hat fast jeder sein „Wir" – in der Familie, mit Freunden, in Vereinen, an der Arbeitsstätte, im Volk und in der Nation.

Doch das „große Wir", die Verbundenheit mit der ganzen Menschheit können wir nur erfahren, wenn wir uns übungsweise von dem „kleinen Wir", von persönlichen Identifikationen und Anhaftungen, also auch von unseren subjektiven Wertmaßstäben und schicksalhaften Gemeinschaftsbezügen lösen lernen. Wenn ich mich also nicht mehr nur mit Status, Geschlecht, Besitz, Erfolg, Nation, Religion, Bildung und allen persönlichen Einstellungen und Wünschen identifiziere, was bleibt dann noch übrig von mir?

Es bleibt der Mensch, das rein Menschliche. Dieser innere Mensch, den jeder Mensch in sich trägt, bildet den innersten Grund, auf dem wir unser persönliches Sein aufgebaut haben. Und in diesem Menschsein sind wir mit allen Menschen verbunden. Das Urbild dieses Menschseins, dieses inneren Menschen, der Geist, die Substanz des Menschlichen überhaupt, ist der Christus. In ihm sind wir in allem Menschlichen angenommen und miteinander verbunden.

Doch ist es auch so, dass dieses Menschliche nur in Freiheit von jedem Einzelnen gesucht werden kann. Die Freiheit, die diesem Menschlichen zugrunde liegt, bedingt zwangsläufig auch, dass man sich gegen dieses menschlich Humane und für das „Böse", für das „tierisch Abgründige" entscheiden kann, für den Egoismus, für die Intoleranz, für den Machtmißbrauch, für Terror und Gewalt, für die Habgier und den Hass und dergleichen mehr. Haben wir uns solchen Energien und Mächten ausgeliefert, ist es meist sehr schwer, wieder davon los zu kommen. Daran haften sich gefallene Geister und Wesen, die uns eine harte Probe stellen. Sie sind von der göttlichen Welt zugelassen, damit wir an ihnen beziehungsweise an deren Eingebungen und Versuchungen wachsen und reifen können. Am Bösen können wir das gute Gute lernen, das heißt, wir erfahren erst, was eigentlich das Gute ist. Doch dies ist meist ein harter Weg, der uns abverlangt, dass wir in unserem Bewusstsein und in unserer Entwicklung nicht stehen bleiben, nicht „lau werden", sondern uns strebend bemühen wollen. Letztlich hilft dabei manchmal nur noch ein göttlich-geistiger Beistand, nach dem wir rufen dürfen.

Das Menschliche beziehungsweise das Göttliche, es drängt sich nicht auf. Dafür muss man sich entscheiden, es mit dem Herzen wollen – dann kann es mit der Zeit immer stärker in uns lebendig sein. „Edel sei der Mensch, hilfreich und gut", so drückte dies Goethe in einem Gedicht aus, das den Titel trägt: Das Göttliche. Hier wird Göttliches und Menschliches eins.

Der Geist des Menschlichen, das ist der Christus. Seine Kraft hilft uns, wenn wir dies wollen. Dadurch kann auch das Böse, das Trennende und Verurteilende im eigenen Innern überwunden werden. Und schließlich kann damit auch das Persönliche, das Volksmäßige, das Nationale, das Familiäre und das Private von diesem Geist des Humanismus durchdrungen und gewandelt werden. Die Gnade des Christus steht uns allzeit bereit.

Die Geburt Gottes im Menschen ist die Geburt der göttlichen Liebe. Darauf sollten wir uns vorbereiten. Die Christus-Natur dürfen wir in unserem Herzen miterschaffen, indem wir uns ihm zuwenden, ihn einlassen und sich von ihm wandeln lassen. Die Gnade Gottes erleuchtet alles Dunkel. Diese Gnade bezeugt Johannes in seinem Prolog, mit dem ich hier, mit einem Auszug daraus, meine Ausführungen beschließen will.

„Das wahre Licht, das alle Menschen erleuchtet,
sollte in die Welt kommen.
Es war in der Welt, denn die Welt ist durch es geworden,
aber die Welt hat es nicht erkannt.
Zu den Ich-Menschen kam es,

aber die Ich-Menschen nahmen es nicht auf.
Allen aber, die es aufnahmen, gab es die freie Kraft,
Gotteskinder zu werden.
Das sind die, die vertrauensvoll seine Kraft in sich aufnehmen.
Sie empfangen ihr Leben nicht aus dem Blute,
auch nicht aus dem Willen des Fleisches
und nicht aus dem menschlichen Willen,
denn sie sind aus Gott geboren.
Und das (göttliche) Wort ist Fleisch geworden
und hat unter uns gewohnt.
Johannes legt Zeugnis für ihn ab und verkündet laut:
Dieser ist, von dem ich sagte:
Nach mit kommt, der vor mir war, denn er ist größer als ich.
Aus seiner Fülle haben wir empfangen Gnade über Gnade.
Das Gesetz ist durch Moses gegeben.
Die Gnade und die Wahrheit sind durch Jesus Christus entstanden.
Den göttliche Weltengrund hat nie ein Mensch mit Augen geschaut.
Der eingeborene Sohn, der Christus,
der im Schoße des Weltenvaters war,
er ist zum Führer zu diesem Schauen geworden".

Hier ist Richtung, hier ist Ziel. Hier wird Materie, wird Materialismus transzendiert. Hier hat der Egoismus seinen Sinn verloren.
Selbstlos, rein, den Willen des Vaters, den Willen Gottes gelebt und geoffenbart, das hat in solch vollkommener Weise nur der Christus in unserer Welt vollbracht. Darum ist er der Weg zur Überwindung des Getrenntseins vom Leben Gottes und die Wahrheit, mit der er dieses Leben offenbart hat und immer noch offenbaren will – auch in uns. In diesem Leben ist Kraft, ist Herrlichkeit und ist Hoffnung, die uns alle Wirren der Zeit, die uns noch bevorstehen, bestehen lassen können.

Literaturverzeichnis

Aus Widars Wirken – Wegbereitung einer Zukunftskultur
Barbara Ann Brennan: Licht-Heilung
Fred Poeppig: Menschenbegegnung – Sternenordnung
Athys Floride: Stufen der Meditation
Adolf Arenson: Arenson Leitfaden
Das Neue Testament - in der Übersetzung von Emil Bock
Paul Eugen Schiller: Der anthroposophische Schulungsweg
Phyllis Kristall: Frei werden von Angst und Ablehnung
Batton L. Boyle: Der Ruf des Falken
Rudolf Steiner: Geistige Hierarchien und ihre Widerspiegelung
       in der physischen Welt
Erika J. Chopich und Margaret Paul: Aussöhnung mit dem
       inneren Kind
Piere Stutz: 50 Rituale für die Seele

Vom Verfasser dieser Schrift sind noch weitere Schriften innerhalb des Perceval-Institutes für Kosmologie und christliche
Hermetik erschienen. Diese Schriften sind bisher nur als Manus-
kripte erhältlich. Zudem existiert ein umfangreiches künstle-
risches Werk, auch einige Gedichtbände.
Hier eine Auswahl einiger Schriften:

-Auf dem Weg zum Gral - für die Sucher und Hüter des heiligen
       Gral
- Im Namen des Wortes – eine geistige Wegweisung
- Partnerschaften im Lichte eines spirituellen Christentums
- Lichtwärts – Betrachtungen für ein geistgemäßes Leben in
       heutiger Zeit
- Vom Bauen am Tempel des Lebens – Auf der Suche nach der
       geistigen Bestimmung
- Zeitfragen im Lichte der hermetischen Philosophie
- Ich und Welt – Mensch und Gott

- An die Mutter Erde – Betrachtungen zur Entwicklung von Erde
    und Mensch
- Auf dem Weg zu Gott – eine spirituelle Betrachtung
- Aufbruch zur Dimension der Tiefe – Hilfen für den Weg zum
    inneren Leben und für das Leben in der sozialen Welt

Im BoD Verlag sind vom Verfasser der vorliegenden Schrift
folgende Titel als Buchdruck erschienen:

- Europa – wohin? Politik, Gesellschaftsfragen und Spiritualität
- Wege zum Heil – Aspekte zur Heilung von Mensch, Erde und
    sozialer Welt
- In der Einheit liegt die Kraft – Religion, Kunst und
    Spiritualität

Bei weiterem Interesse kann die folgende Internet-Adresse
kontaktiert werden:
www.perceval-institut.de

Franz Weber   Freiburg im Januar 2015